职工代表大会实务操作与法律依据

张智君◎著

电子工业出版社
Publishing House of Electronics Industry
北京·BEIJING

未经许可，不得以任何方式复制或抄袭本书之部分或全部内容。
版权所有，侵权必究。

图书在版编目（CIP）数据

职工代表大会实务操作与法律依据/张智君著．—北京：电子工业出版社，2020.9

ISBN 978-7-121-39421-8

Ⅰ．①职… Ⅱ．①张… Ⅲ．①职工代表大会—工作—中国—问题解答②职工代表大会—条例—中国—问题解答 Ⅳ．① D412.2-44 ② D922.56-44

中国版本图书馆 CIP 数据核字（2020）第 154961 号

书　　名：职工代表大会实务操作与法律依据
作　　者：张智君
责任编辑：张振宇
印　　刷：涿州市京南印刷厂
装　　订：涿州市京南印刷厂
出版发行：电子工业出版社
　　　　　北京市海淀区万寿路 173 信箱　　邮编：100036
开　　本：720×1000　1/16　印张：13.75　字数：220 千字
版　　次：2020 年 9 月第 1 版
印　　次：2020 年 9 月第 1 次印刷
定　　价：56.00 元

凡所购买电子工业出版社图书有缺损问题，请向购买书店调换。若书店售缺，请与本社发行部联系，联系及邮购电话：（010）88254888，88258888。
质量投诉请发邮件至 zlts@phei.com.cn，盗版侵权举报请发邮件至 dbqq@phei.com.cn。
本书咨询联系方式：（010）88254210，influence@phei.com.cn，微信号：yingxianglibook。

制度的生命力在于执行（序言）

2019年10月31日，党的十九届四中全会通过《中共中央关于坚持和完善中国特色社会主义制度、推进国家治理体系和治理能力现代化若干重大问题的决定》（简称《决定》），从顶层设计上系统擘画坚持和完善中国特色社会主义制度、推进国家治理体系和治理能力现代化的一系列战略性、全局性、根本性制度安排。《决定》全面回答了我国国家制度和国家治理应该"坚持和巩固什么、完善和发展什么"这一重大历史课题，是坚持和完善中国特色社会主义制度、推进国家治理体系和治理能力现代化的政治宣言和行动纲领，标志着我们党对巩固发展社会主义规律性认识达到了新高度。

党的十九届四中全会《决定》强调指出："我国是工人阶级领导的、以工农联盟为基础的人民民主专政的社会主义国家，国家的一切权力属于人民。必须坚持人民主体地位，坚定不移走中国特色社会主义政治发展道路，健全民主制度，丰富民主形式，拓宽民主渠道，依法实行民主选举、民主协商、民主决策、民主管理、民主监督，使各方面制度和国家治理更好体现人民意志、保障人民权益、激发人民创造，确保人民依法通过各种途径和形式管理国家事务，管理经济文化事业，管理社会事务。"

"小智治事，大智治制。"制度优势是一个国家的最大优势，制度竞争是国家间最根本的竞争。制度稳则国家稳。习近平总书记指出，党的十八大以来，我们党把制度建设摆在更加突出的位置，强调"全面建成小康社会，必须以更大的政治勇气和智慧，不失时机深化重要领域改革，坚决破除一切妨碍科学发展的思想观念和体制机制弊端，构建系统完备、科学规范、运行有效的制度体系，使各方面制度更加成熟更加定型"。

企事业单位民主管理制度，是实现国家治理体系和治理能力现代化的一项重要政治制度，是坚持和完善人民当家作主制度体系的重要组成部分，是发展社会主义民主政治的重要内容。党的十九届四中全会《决定》明确指出："全心全意依靠工人阶级，健全以职工代表大会为基本形式的企事业单位民主管理制度，探索企业职工参与管理的有效方式，保障职工群众的知情权、参与权、表达权、监督权，维护职工合法权益。"

企事业单位民主管理制度建立已久，但随着我国社会主义市场体制的深入发展，当前这一制度的落实执行遭遇不少挑战，普遍存在组织领导弱化、地位边缘化、议题虚化、程序随意化、作用淡化等突出问题。有的认识模糊，认为这是工会的事儿，对民主管理工作不重视、不关心、不支持，消极应付，特别是在一些非公有制企业存在不小的阻力和困难；有的运行不规范，存在程序不严格、议题走过场、决议不落实等严重形式主义问题，把职工代表大会开成了"纸袋会""举手会"，等等。其主要原因是，缺乏法治意识，有制度不执行。2019年9月24日，习近平总书记在中央政治局第十七次集体学习时指出，"现在，制度执行仍然是个短板。有的人对制度缺乏敬畏，根本不按制度行事，甚至随意更改制度；有的人千方百计钻制度空子、打擦边球；有的人不敢也不愿遵守制度，极力逃避制度的约束和监管，等等。要强化制度执行力，加强制度执行的监督，切实把我国制度优势转化为治理效能"。

为此，党的十九届四中全会《决定》特别强调，"制度的生命力在于执行。各级党委和政府以及各级领导干部要切实强化制度意识，带头维护制度权威，做制度执行的表率，带动全党全社会自觉尊崇制度、严格执行制度、坚决维护制度。健全权威高效的制度执行机制，加强对制度执行的监督，坚决杜绝做选择、搞变通、打折扣的现象"。

针对当前企事业单位民主管理制度执行落实中经常遇到的问题，按照由宏观到微观、由理论到实际、由条文到操作的逻辑顺序，笔者列出了48个常见的问题，采用问答形式，试图回应疑问困惑、澄清模糊认识；明确职责定位、划清权责边界；指明运行程序、提醒注意事项。每一个问题的解答，力求引用法律法规规章及政策规定的原文，让读者了解出处，并辅之以必要的分析。为帮助读者理解，问题之后另附参考规定。对没有明确规定的，尽量从理论政策上予以分析，力求贴近基层、贴近现实。释义务求有理有据，分析务求全面准确，用语务求通俗易懂。但因时间仓促、水平所限，释义不当、分析欠妥、引证疏漏之处在所难免，敬请读者不吝指教。

作　者

2020年5月

目 录

第一章 职工代表大会的若干基本问题

1. 发展社会主义民主政治制度与实现国家治理体系和治理能力现代化是什么关系? ……………………… 001
2. 企事业单位民主管理制度在我国社会主义民主政治制度中处于什么位置? ……………………………… 005
3. 怎样理解和把握职工代表大会是企事业单位民主管理制度的基本形式? ………………………………… 008
4. 非公有制企业为什么也要坚持职工代表大会制度? ……… 013
5. 职工代表大会是一个什么性质的机构? …………………… 015
6. 职工代表大会制度应由谁来建立? ………………………… 019
7. 工会在职工代表大会中履行哪些职责? …………………… 022
8. 召开职工代表大会需要上级工会审批吗? ………………… 025
9. 职工代表大会与会员代表大会能"两会合一"吗? ……… 027

第二章 职工代表选举、罢免、补选及履职应关注的问题

10. 怎样确定职工代表的人数? ……………………………… 032
11. 职工代表的结构有哪些要求? …………………………… 036

12. 哪些人可以当选为职工代表? ……………………………… 039
13. 企业聘任的职业高管、民营企业老板（合伙人）
    能当选为职工代表吗? ……………………………… 042
14. 劳务派遣工能当选为职工代表吗? ……………………… 045
15. 职工代表应具备哪些条件? ……………………………… 050
16. 怎样选举职工代表? ……………………………………… 051
17. 选举职工代表应注意哪些关键问题? …………………… 054
18. 罢免、补选职工代表应注意哪些关键环节? …………… 056
19. 职工代表享有哪些权利? ………………………………… 059
20. 职工代表应履行哪些义务? ……………………………… 062
21. 什么是职工代表提案? …………………………………… 065
22. 职工代表怎样撰写提案? ………………………………… 066
23. 哪些人可以作为特邀代表、列席代表? ………………… 069

第三章 职工代表大会职权应关注的问题

24. 怎样理解职工代表大会的职权? ………………………… 071
25. 如何把握职工代表大会职权的定位? …………………… 075
26. 设定职工代表大会职权应考虑哪些关键因素? ………… 079
27. 企业职工代表大会普遍具有哪些职权? ………………… 084
28. 国有企业和国有控股企业职工代表大会具有哪些职权? … 088
29. 城镇集体所有制企业职工代表大会具有哪些职权? …… 093
30. 学校教职工代表大会具有哪些职权? …………………… 097
31. 区域（行业）职工代表大会具有哪些职权? …………… 100

第四章 职工代表大会召开应关注的问题

32. 职工代表大会一年召开几次? …………………………… 103

33. 职工代表大会筹备工作应注意哪些事项？ ……………… 105

34. 职工董事、职工监事候选人应符合哪些要求？ ………… 111

35. 专门委员会（小组）的职责和组成人员有哪些要求？ … 116

36. 预备会议的主要任务是什么？ …………………………… 118

37. 大会主席团的职责和组成有哪些要求？ ………………… 120

38. 职工代表大会正式会议有哪些主要程序？ ……………… 122

39. 职工代表大会运行中应注意哪些具体问题？ …………… 123

40. 哪些事项应由职工代表大会通过？ ……………………… 129

41. 什么情形下可以罢免职工董事、职工监事？ …………… 132

42. 民主评议企业领导人员是怎样进行的？ ………………… 135

第五章　职工代表大会之后应关注的问题

43. 职工代表大会之后涉及哪些后续工作？ ………………… 139

44. 职工董事、职工监事选举、罢免、补选后应履行哪些程序？ ………………………………………………………… 142

45. 集体合同或专项集体合同通过后应履行哪些程序？ …… 146

46. 职工裁减、分流、安置方案经职工代表大会审议通过适用哪些企业？ …………………………………………… 148

47. 公开职工代表大会通过的议题事项应注意哪些问题？ … 150

48. 怎样推动职工代表大会决议和事项的贯彻落实？ ……… 154

附　录

全民所有制工业企业职工代表大会条例 …………………… 157

中华人民共和国城镇集体所有制企业条例 ………………… 163

企业民主管理规定 …………………………………………… 177

学校教职工代表大会规定······188
中华全国总工会办公厅关于规范召开企业职工代表大会的意见······194

职工代表大会基本知识测试参考题及答案······198

第一章　职工代表大会的若干基本问题

实践中，总会遇到这样一些疑问：我国的企事业单位为什么要开展民主管理？为什么要坚持以职工代表大会为基本形式？职工代表大会是一个什么性质的机构？职工代表大会制度应由谁来建立？工会在职工代表大会中履行哪些职责？召开职工代表大会需要上级工会审批吗？职工代表大会与会员代表大会到底有什么区别……就这些困惑的问题，本章以党的十九届四中全会精神为切入点，根据我国法律法规规章及政策的规定，分别予以简要阐述，试图回应人们的关注，解开认识上的疑惑。

1. 发展社会主义民主政治制度与实现国家治理体系和治理能力现代化是什么关系？

党的十九届四中全会通过的《中共中央关于坚持和完善中国特色社会主义制度、推进国家治理体系和治理能力现代化若干重大问题的决定》（简称《决定》），从顶层设计上系统擘画坚持和完善中国特色社会主义制度、推进国家治理体系和治理能力现代化的一系列战略性、全局性、根本性制度安排。全面回答了我国国家制度和国家治理应该"坚持和巩固什么、完善和发展什么"这一重大历史课题。充分体现了以习近平同志为核心的党中央高瞻远瞩的战略眼光和强烈的历史担当。对实现"两个一百年"奋斗目标、实现中华民族伟大复兴的中国梦,对巩固党的执政地位、确保党和国家长治久安,具有重大现实意义和深远历史意义。

《决定》明确,坚持和完善中国特色社会主义制度、推进国家治理体系和治理能力现代化的总体目标是,到我们党成立一百年时,在各方面制度更加成熟更加定型上取得明显成效;到二〇三五年,各方面制度更加完善,基本实现国家治理体系和治理能力现代化;到新中国成立一百年时,全面实现国家治理体系和治理能力现代化,使中国特色社会主义制度更加巩固、优越性充分展现。

为实现这一宏伟目标,必须坚持和完善十三个方面的制度体系。

实现国家治理体系和治理能力现代化制度体系	内容
	1.坚持和完善党的领导制度体系,提高党科学执政、民主执政、依法执政水平
	2.坚持和完善人民当家作主制度体系,发展社会主义民主政治
	3.坚持和完善中国特色社会主义法治体系,提高党依法治国、依法执政能力
	4.坚持和完善中国特色社会主义行政体制,构建职责明确、依法行政的政府治理体系
	5.坚持和完善社会主义基本经济制度,推动经济高质量发展
	6.坚持和完善繁荣发展社会主义先进文化的制度,巩固全体人民团结奋斗的共同思想基础
	7.坚持和完善统筹城乡的民生保障制度,满足人民日益增长的美好生活需要
	8.坚持和完善共建共治共享的社会治理制度,保持社会稳定、维护国家安全
	9.坚持和完善生态文明制度体系,促进人与自然和谐共生
	10.坚持和完善党对人民军队的绝对领导制度,确保人民军队忠实履行新时代使命任务
	11.坚持和完善"一国两制"制度体系,推进祖国和平统一
	12.坚持和完善独立自主的和平外交政策,推动构建人类命运共同体
	13.坚持和完善党和国家监督体系,强化对权力运行的制约和监督

以上这十三个方面的制度体系涵盖了支撑我国实现国家治理体系和治理能力现代化的根本政治制度、基本政治制度、重要政治制度。从上表可知,"坚持和完善人民当家作主制度体系,发展社会主义民主政治",是十三个方面制度体系的重要内容之一,是推进国家治理体系和治理能力现代化必不可少的重要组成部分。

参考规定

1.《宪法》

(序言)中国新民主主义革命的胜利和社会主义事业的成就,是中国共产党领导中国各族人民,在马克思列宁主义、毛泽东思想的指引下,坚持真理,修正错误,战胜许多艰难险阻而取得的。我国将长期处于社会主义初级阶段。国家的根本任务是,沿着中国特色社会主义道路,集中力量进行社会主义现代化建设。中国各族人民将继续在中国共产党领导下,在马克思列宁主义、毛泽东思想、邓小平理论、"三个代表"重要思想、科学发展观、习近平新时代中国特色社会主义思想指引下,坚持人民民主专政,坚持社会主义道路,坚持改革开放,不断完善社会主义的各项制度,发展社会主义市场经济,发展社会主义民主,健全社会主义法治,贯彻新发展理念,自力更生,艰苦奋斗,逐步实现工业、农业、国防和科学技术的现代化,推动物质文明、政治文明、精神文明、社会文明、生态文明协调发展,把我国建设成为富强民主文明和谐美丽的社会主义现代化强国,实现中华民族伟大复兴。

第一条 中华人民共和国是工人阶级领导的、以工农联盟为基础的人民民主专政的社会主义国家。

社会主义制度是中华人民共和国的根本制度。中国共产党领导是中国特色社会主义最本质的特征。禁止任何组织或者个人破坏社会主义制度。

第二条　中华人民共和国的一切权力属于人民。

人民行使国家权力的机关是全国人民代表大会和地方各级人民代表大会。

人民依照法律规定，通过各种途径和形式，管理国家事务，管理经济和文化事业，管理社会事务。

2.《中国共产党章程》

（总纲）中国共产党领导人民发展社会主义民主政治。坚持党的领导、人民当家作主、依法治国有机统一，走中国特色社会主义政治发展道路，扩大社会主义民主，建设中国特色社会主义法治体系，建设社会主义法治国家，巩固人民民主专政，建设社会主义政治文明。坚持和完善人民代表大会制度、中国共产党领导的多党合作和政治协商制度、民族区域自治制度以及基层群众自治制度。发展更加广泛、更加充分、更加健全的人民民主，推进协商民主广泛、多层、制度化发展，切实保障人民管理国家事务和社会事务、管理经济和文化事业的权利。尊重和保障人权。广开言路，建立健全民主选举、民主决策、民主管理、民主监督的制度和程序。完善中国特色社会主义法律体系，加强法律实施工作，实现国家各项工作法治化。

3. 党的十九大报告《决胜全面建成小康社会 夺取新时代中国特色社会主义伟大胜利》

"中国特色社会主义政治发展道路，是近代以来中国人民长期奋斗历史逻辑、理论逻辑、实践逻辑的必然结果，是坚持党的本质属性、践行党的根本宗旨的必然要求。世界上没有完全相同的政治制度模式，政治制度不能脱离特定社会政治条件和历史文化传统来抽象评判，不能定于一尊，不能生搬硬套外国政治制度模式。要长期坚持、不断发展我国社会主义民主政治，积极稳妥推进政治体制改革，推进社会主义民主政治制度化、规范化、法治化、程序化，保证人民依法通过各种途径和形式管理国家事务，管理经济文化事业，管理社会事务，巩固和发展生动活泼、安定团结的政治局面。"

2. 企事业单位民主管理制度在我国社会主义民主政治制度中处于什么位置?

党的十九届四中全会通过的《决定》指出:"我国是工人阶级领导的、以工农联盟为基础的人民民主专政的社会主义国家,国家的一切权力属于人民。必须坚持人民主体地位,坚定不移走中国特色社会主义政治发展道路,健全民主制度,丰富民主形式,拓宽民主渠道,依法实行民主选举、民主协商、民主决策、民主管理、民主监督,使各方面制度和国家治理更好体现人民意志、保障人民权益、激发人民创造,确保人民依法通过各种途径和形式管理国家事务,管理经济文化事业,管理社会事务。"

我国社会主义民主政治建设是由人民当家作主的制度体系构成的,这个制度体系的总要求是:坚持党的领导、人民当家作主、依法治国的有机统一。

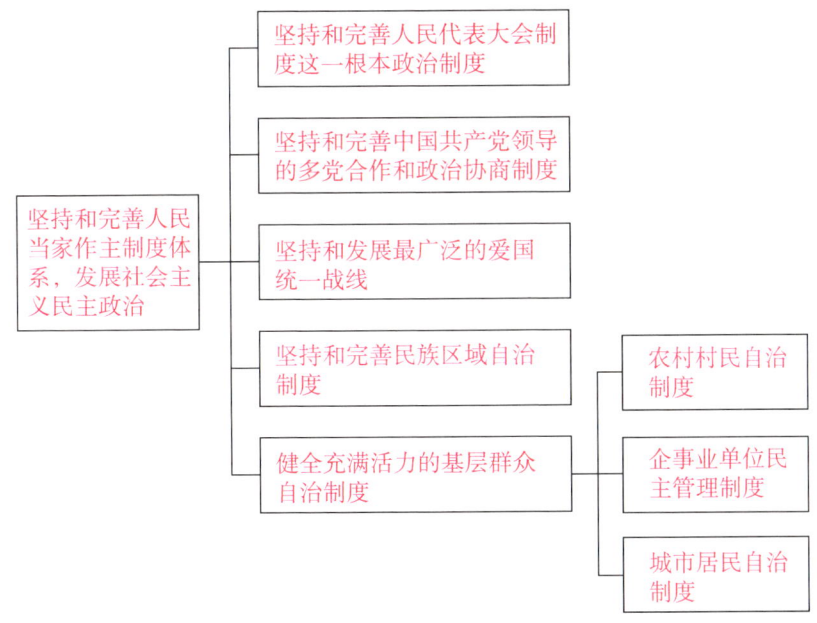

发展社会主义民主政治，要坚持和完善根本政治制度、基本政治制度和重要政治制度。

根本政治制度——人民代表大会制度。人民行使国家权力的机关是全国人民代表大会和地方各级人民代表大会。

基本政治制度——主要包括中国共产党领导的多党合作和政治协商制度、最广泛的爱国统一战线、民族区域自治制度。

重要政治制度——主要包括企事业民主管理制度、农村村民自治制度、城市居民自治制度。

《决定》深刻指出："健全充满活力的基层群众自治制度。健全基层党组织领导的基层群众自治机制，在城乡社区治理、基层公共事务和公益事业中广泛实行群众自我管理、自我服务、自我教育、自我监督，拓宽人民群众反映意见和建议的渠道，着力推进基层直接民主制度化、规范化、程序化。全心全意依靠工人阶级，健全以职工代表大会为基本形式的企事业单位民主管理制度，探索企业职工参与管理的有效方式，保障职工群众的知情权、参与权、表达权、监督权，维护职工合法权益。"

从这一论述可知，企事业单位民主管理制度是基层群众自治制度的重要组成部分，是发展社会主义民主政治的基础性制度。

我国是社会主义国家，必须坚持人民的主体地位，以人民为中心。包括广大职工在内的人民群众的政治民主、劳动经济和精神文化等各方面的权益受到国家法律的保护。各级人大代表、政协委员毕竟是少数，不可能人人都当人大代表、政协委员来行使民主权利，如果绝大多数普通群众对身边的具体事务都无法参与，人民群众的主体地位怎么得以体现？职工群众在企事业单位劳动或工作，对企事业单位的情况最熟悉、最关心、最有发言权。建立企事业单位民主管理制度，让职工群众充分行使民主选举、民主决策、民主管理和民主监督权利，是保障职工群众知情权、参与权、表达权和监督权最直接、最广泛、最有效的途径，体现了党的领导、人民当家作主和依法治国的有机统一，是我国发展社会主义基层民主的一项重要内容，是发展社会主义民主政治的重要基础。

▶ 参考规定

1.《宪法》

第十六条　国有企业在法律规定的范围内有权自主经营。

国有企业依照法律规定，通过职工代表大会和其他形式，实行民主管理。

第十七条　集体经济组织在遵守有关法律的前提下，有独立进行经济活动的自主权。

集体经济组织实行民主管理，依照法律规定选举和罢免管理人员，决定经营管理的重大问题。

2. 党的十八大报告《坚定不移沿着中国特色社会主义道路前进 为全面建成小康社会而奋斗》

"中国特色社会主义制度，就是人民代表大会制度的根本政治制度，中国共产党领导的多党合作和政治协商制度、民族区域自治制度以及基层群众自治制度等基本政治制度，中国特色社会主义法律体系，公有制为主体、多种所有制经济共同发展的基本经济制度，以及建立在这些制度基础上的经济体制、政治体制、文化体制、社会体制等各项具体制度。"

3. 党的十八届三中全会通过的《中共中央关于全面深化改革若干重大问题的决定》

"发展基层民主。畅通民主渠道，健全基层选举、议事、公开、述职、问责等机制。开展形式多样的基层民主协商，推进基层协商制度化，建立健全居民、村民监督机制，促进群众在城乡社区治理、基层公共事务和公益事业中依法自我管理、自我服务、自我教育、自我监督。健全以职工代表大会为基本形式的企事业单位民主管理制度,加强社会组织民主机制建设,保障职工参与管理和监督的民主权利。"

4. 党的十九大报告《决胜全面建成小康社会 夺取新时代中国特色社会主义伟大胜利》

"坚持人民当家作主。坚持党的领导、人民当家作主、依法治国有机统一是社会主义政治发展的必然要求。必须坚持中国特色社会主义政治发展道路,坚持和完善人民代表大会制度、中国共产党领导的多党合作和政治协商制度、民族区域自治制度、基层群众自治制度,巩固和发展最广泛的爱国统一战线,发展社会主义协商民主,健全民主制度,丰富民主形式,拓宽民主渠道,保证人民当家作主落实到国家政治生活和社会生活之中。"

3. 怎样理解和把握职工代表大会是企事业单位民主管理制度的基本形式?

企事业单位民主管理制度,包括职工代表大会制度、厂务公开制度、职工董事职工监事制度、集体协商和集体合同制度,以及联席会议、民主恳谈会、协商对话会、经理接待日、职工意见箱等其他制度,但基本形式是职工代表大会或职工大会(以下统称职工代表大会)。实践中,有的单位愿意搞其他形式的民主管理,但对职工代表大会兴趣不大,甚至反感抵触。这里有必要予以澄清。

这一基本形式是党的一贯政策主张。比如,1949 年 8 月,华北人民政府作出了《关于在国营工业企业中建立工厂管理委员会和职工代表会议制度的决定》,对工厂管理委员会和职工代表会议的性质、任务、组织和职权作出了规定,正式确立了职工代表会议制度。1956 年党的八大决定在国营企业中实行党委领导下的厂长（经理）负责制和党委领导下的职工代表大会制度。1957年中共中央在《关于处理罢工罢课的指示》和《关于研究有关工人阶级的几个重要问题的通知》中提出，建立党委领导下的职工代表大会制度，并明确了职工代表大会的职权。职工代表大会制度比职工代表会议制度具有新的发展。

1978年10月，邓小平在中国工会第九次全国代表大会致词中指出，"所有的企业必须毫无例外地实行民主管理，使集中领导和民主管理结合起来"；"企业的重大问题要经过职工代表大会或职工大会讨论"。党的十八大报告指出："全心全意依靠工人阶级，健全以职工代表大会为基本形式的企事业单位民主管理制度，保障职工参与管理和监督的民主权利。"2015年3月21日印发的《中共中央 国务院关于构建和谐劳动关系的意见》指出："健全企业民主管理制度。完善以职工代表大会为基本形式的企业民主管理制度，丰富职工民主参与形式，畅通职工民主参与渠道，依法保障职工的知情权、参与权、表达权、监督权。推进企业普遍建立职工代表大会，认真落实职工代表大会职权，充分发挥职工代表大会在企业发展重大决策和涉及职工切身利益等重大事项上的重要作用。针对不同所有制企业，探索符合各自特点的职工代表大会形式、权限和职能。在中小企业集中的地方，可以建立区域性、行业性职工代表大会。"2016年10月10日，习近平总书记在全国国有企业党的建设工作会议上指出："要健全以职工代表大会为基本形式的民主管理制度，推进厂务公开、业务公开，落实职工群众的知情权、参与权、表达权、监督权，充分调动工人阶级的积极性、主动性、创造性。企业在重大决策上要听取职工意见，涉及职工切身利益的重大问题必须经过职代会审议。要坚持和完善职工董事制度、职工监事制度，鼓励职工代表有序参与公司治理。"

这一基本形式是法律法规规章的明确规定。比如，《工会法》第三十五条第一款规定:"国有企业职工代表大会是企业实行民主管理的基本形式,是职工行使民主管理权力的机构,依照法律规定行使职权。"《全民所有制工业企业法》第五十条第一款规定:"职工代表大会是企业实行民主管理的基本形式,是职工行使民主管理权力的机构。"《城镇集体所有制企业条例》第二十七条第一款规定:"集体企业必须建立、健全职工(代表)大会制度:(一)100人以下的集体企业,建立职工大会制度;(二)300人以上的集体企业建立职工代表大会制度;(三)100人以上300人以下的集体企业,建立职工大会或者职工代表大会制度,由企业自定。"《企业民主管理规定》第三条第一款规定:"职工代表大会(或职工大会,下同)是职工行使民主管理权力的机构,是企业民主管理的基本形式。"《学校教职工代表大会规定》第三条规定:"学校教职工代表大会(以下简称教职工代表大会)是教职工参与学校民主管理和监督的基本形式。""学校应当建立和完善教职工代表大会制度。"

明确这一基本形式的重要意义在于:

第一,职工代表大会具有法定性。企事业单位民主管理制度可以有多种形式,但法律明确的基本形式是职工代表大会,属于"规定动作"。在坚持职工代表大会这一基本形式下,可以探索实行其他形式的民主管理制度,而不能抛开职工代表大会而只搞其他形式的民主管理活动。现实中,一些企事业单位对职工代表大会制度不感兴趣,而热衷于其他形式的民主管理活动,背离了党的政策主张,似有"舍本逐末"之嫌。

第二,职工代表大会具有基础性。职工代表大会是实行其他形式民主管理制度的基础和关键,其他民主管理制度是职工代表大会制度的延伸和拓展,其他民主管理制度离不开职工代表大会,否则就难以有效发挥作用。这好比一棵大树,职工代表大会如同树干,而其他民主管理制度如同树枝，树枝必须依靠树干才能枝繁叶茂。

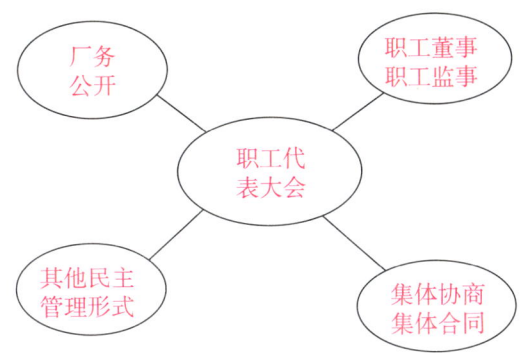

第三，职工代表大会具有普适性。即普遍适用于各类企事业单位，而不仅限于国有企业。党的十九届四中全会通过的《决定》明确，"全心全意依靠工人阶级，健全以职工代表大会为基本形式的企事业单位民主管理制度"，自然包括企业和事业单位。《中共中央 国务院关于构建和谐劳动关系的意见》明确："推进企业普遍建立职工代表大会，认真落实职工代表大会职权，充分发挥职工代表大会在企业发展重大决策和涉及职工切身利益等重大事项上的重要作用。针对不同所有制企业，探索符合各自特点的职工代表大会形式、权限和职能。"显然，这里的"企业"不限于国有企业，应包含各类所有制企业，只是根据所有制性质的不同，职工代表大会的形式、职权有所不同而已。

参考规定

1.《工会法》

第三十五条 国有企业职工代表大会是企业实行民主管理的基本形式，是职工行使民主管理权力的机构，依照法律规定行使职权。

国有企业的工会委员会是职工代表大会的工作机构，负责职工代表大会的日常工作，检查、督促职工代表大会决议的执行。

第三十六条　集体企业的工会委员会，应当支持和组织职工参加民主管理和民主监督，维护职工选举和罢免管理人员、决定经营的重大问题的权力。

2.《城镇集体所有制企业条例》

第二十七条　集体企业必须建立、健全职工（代表）大会制度：

（一）100人以下的集体企业，建立职工大会制度；

（二）300人以上的集体企业建立职工代表大会制度；

（三）100人以上300人以下的集体企业，建立职工大会或者职工代表大会制度，由企业自定。

职工代表大会代表由职工选举产生。代表应当是思想进步、工作积极、联系群众、有参加民主管理能力的职工。

3.《企业民主管理规定》

第三条　职工代表大会（或职工大会，下同）是职工行使民主管理权力的机构，是企业民主管理的基本形式。

企业应当按照合法、有序、公开、公正的原则，建立以职工代表大会为基本形式的民主管理制度，实行厂务公开，推行民主管理。公司制企业（以下简称公司）应当依法建立职工董事、职工监事制度。

企业应当尊重和保障职工依法享有的知情权、参与权、表达权和监督权等民主权利，支持职工参加企业管理活动。

4.《学校教职工代表大会规定》

第二条　本规定适用于中国境内公办的幼儿园和各级各类学校（以下统称学校）。

民办学校、中外合作办学机构参照本规定执行。

第三条　学校教职工代表大会（以下简称教职工代表大会）是教职工依法参与学校民主管理和监督的基本形式。

学校应当建立和完善教职工代表大会制度。

4. 非公有制企业为什么也要坚持职工代表大会制度？

现实中总有人提出这样的质疑：公有制企业建立民主管理制度可以理解，而非公有制企业产权不公有，为什么也要开展民主管理？这是依照产权理论得出的结论，因为资本主义国家没有职工代表大会这样的制度。回答这一问题，要从劳动关系理论来分析，一两句话说不清楚，这里不便赘述。但有一点必须承认，资本必须与劳动相结合，否则无法获取利润，资本主义国家虽然没有坚持职工代表大会制度，但他们通过其他方式让职工参与企业经营管理。比如，德国的工人代表制、劳资共决制以及劳资双方组成的企业管理委员会制度等。

还要承认一点，社会制度不同，企业管理制度也不相同。笔者只是以为，其实没必要这样纠结，不妨这样思考：企业管理具有自然属性和社会属性，社会属性与生产关系和社会制度相联系，不同的社会制度具有不同的社会属性。社会属性既是一定社会制度的体现，又反映和维护一定的社会制度。我国走的是社会主义道路，中国特色社会主义最本质的特征是中国共产党的领导，建立企事业单位民主管理制度既是党的政策主张，也是国家法律法规的明确要求，体现的正是企事业单位经营管理的社会属性。而且，职工代表大会制度并不是没有考虑到产权性质的问题，在制度设计上，也没有要求完全照搬照抄国有企业的做法，搞"一刀切"，而是根据不同所有制企业的性质，对职工代表大会的形式、权限和职能作出了不同的规定。《中共中央 国务院关于构建和谐劳动关系的意见》已经明确指出："针对不同所有制企业，探索符合各自特点的职工代表大会形式、权限和职能。"

改革开放以来，我国的非公有制经济迅猛发展，大量成功案例足以证明，坚持职工代表大会制度、开展企业民主管理不是"洪水猛兽"，而是为企业做大做强做优提供了强大动力，只有好处，而没有坏处。

▶ 参考规定

1.《中共中央 国务院关于构建和谐劳动关系的意见》

五、加强企业民主管理制度建设

（十一）健全企业民主管理制度。完善以职工代表大会为基本形式的企业民主管理制度，丰富职工民主参与形式，畅通职工民主参与渠道，依法保障职工的知情权、参与权、表达权、监督权。推进企业普遍建立职工代表大会，认真落实职工代表大会职权，充分发挥职工代表大会在企业发展重大决策和涉及职工切身利益等重大事项上的重要作用。针对不同所有制企业，探索符合各自特点的职工代表大会形式、权限和职能。在中小企业集中的地方，可以建立区域性、行业性职工代表大会。

（十二）推进厂务公开制度化、规范化。进一步提高厂务公开建制率，加强国有企业改制重组过程中的厂务公开，积极稳妥推进非公有制企业厂务公开制度建设。完善公开程序，充实公开内容，创新公开形式，探索和推行经理接待日、劳资恳谈会、总经理信箱等多种形式的公开。

（十三）推行职工董事、职工监事制度。按照公司法规定，在公司制企业建立职工董事、职工监事制度。依法规范职工董事、职工监事履职规则。在董事会、监事会研究决定公司重大问题时，职工董事、职工监事应充分发表意见，反映职工合理诉求，维护职工和公司合法权益。

2.《中华全国总工会关于深入推进非公有制企业民主管理工作的意见》

深入推进非公有制企业民主管理工作是保障职工主体地位、贯彻落实党的全心全意依靠工人阶级根本方针的具体体现，是扩大职工有序参与、加强基层民主政治建设的重要途径，是支持职工参与管理、推动企业改革发展的内在需要，是维护职工合法权益、构建中国特色和谐劳动关系的有效措施。

5. 职工代表大会是一个什么性质的机构？

关于职工代表大会是一个什么性质的机构，有很多种说法，具有代表性的误解有两种：一种观点认为，职工代表大会是企事业单位的权力机构，凡事都要经过职工代表大会讨论通过或决定，否则就是无效；另一种观点认为，职工代表大会是一个议事机构或平台，职工或职工代表可以在这个平台上发表一下意见和建议，通过的决定或决议对企事业单位行政没有约束力，实际上是一个"纸袋会"。这两种观点都是错误的。

实际上，党的报告、文件中已有明确表述，法律法规规章也有明确规定，但很多人不认真看、不认真思考，只是凭自己的感觉妄下结论，导致实际工作中出现了很多不该发生的问题。比如，有的企事业单位通过了不该由职工代表大会表决的事项，影响了企事业单位依法行使独立经营管理的自主权；有的企事业单位擅自决定了应由职工代表大会表决通过的事项，由此引发了不少法律纠纷。

那么，职工代表大会到底是一个什么性质的机构呢？依照法律法规规章及政策的规定，职工代表大会是企事业单位的民主管理制度，是职工行使民主管理权力的机构。除城镇集体所有制企业外，职工代表大会既不属于权力机构，也不属于议事机构。

第一，关于"制度"。企事业单位有各种各样的规章制度，其中，民主管理制度是企事业单位的管理制度之一。而民主管理制度又可以有多种形式，我国法律规定的基本形式是职工代表大会制度。

比如，某有限责任公司的管理制度：

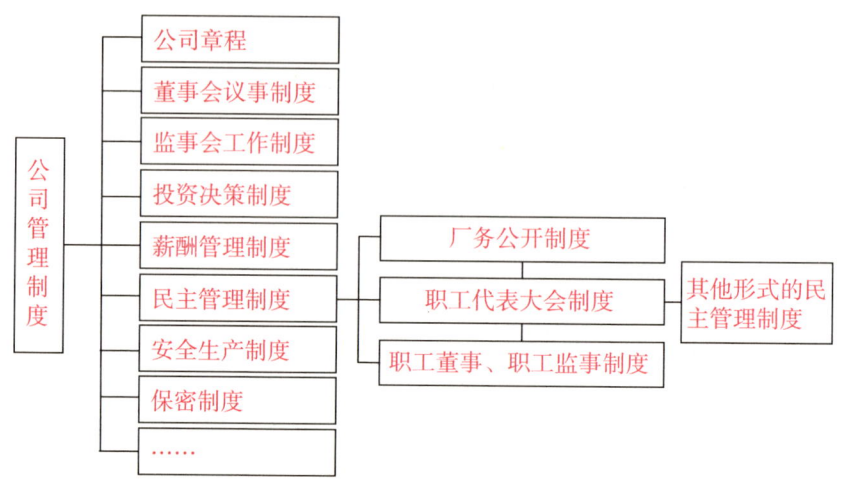

第二，关于"机构"。企事业单位在作出涉及职工利益的决定、决策时，要想得到职工的配合支持，就得听取职工的意见和建议，按一定的程序科学决策民主决策。否则，就可能引发不稳定因素。那么，通过什么样的机构或渠道来听取职工的意见和建议呢？不能乱哄哄、七嘴八舌。这一机构就是得到普遍认可的职工代表大会。通过职工代表大会这一机构，来保障职工的知情权、参与权、表达权、监督权，依照法律法规规章及政策的规定，讨论、审议、通过、决定有关事项，把职工的意见和建议纳入有序规范的表达渠道。

参考规定

1.《工会法》

第五条 工会组织和教育职工依照宪法和法律的规定行使民主权利，发挥国家主人翁的作用，通过各种途径和形式，参与管理国家事务、管理经济和文化事业、管理社会事务；协助人民政府开展工作，维护工人阶级领导的、以工农联盟为基础的人民民主专政的社会主义国家政权。

第六条第三款　工会依照法律规定通过职工代表大会或者其他形式，组织职工参与本单位的民主决策、民主管理和民主监督。

2.《公司法》

第十八条　公司职工依照《中华人民共和国工会法》组织工会，开展工会活动，维护职工合法权益。公司应当为本公司工会提供必要的活动条件。公司工会代表职工就职工的劳动报酬、工作时间、福利、保险和劳动安全卫生等事项依法与公司签订集体合同。

公司依照宪法和有关法律的规定，通过职工代表大会或者其他形式，实行民主管理。

公司研究决定改制以及经营方面的重大问题、制定重要的规章制度时，应当听取公司工会的意见，并通过职工代表大会或者其他形式听取职工的意见和建议。

第四十四条　有限责任公司设董事会，其成员为三人至十三人；但是，本法第五十条另有规定的除外。

两个以上的国有企业或者两个以上的其他国有投资主体投资设立的有限责任公司，其董事会成员中应当有公司职工代表；其他有限责任公司董事会成员中可以有公司职工代表。董事会中的职工代表由公司职工通过职工代表大会、职工大会或者其他形式民主选举产生。

董事会设董事长一人，可以设副董事长。董事长、副董事长的产生办法由公司章程规定。

第五十一条　有限责任公司设监事会，其成员不得少于三人。股东人数较少或者规模较小的有限责任公司，可以设一至二名监事，不设监事会。

监事会应当包括股东代表和适当比例的公司职工代表，其中职工代表的比例不得低于三分之一，具体比例由公司章程规定。监事会中的职工代表由公司职工通过职工代表大会、职工大会或者其他形式民主选举产生。

监事会设主席一人,由全体监事过半数选举产生。监事会主席召集和主持监事会会议;监事会主席不能履行职务或者不履行职务的,由半数以上监事共同推举一名监事召集和主持监事会会议。

董事、高级管理人员不得兼任监事。

第六十七条　国有独资公司设董事会,依照本法第四十六条、第六十六条的规定行使职权。董事每届任期不得超过三年。董事会成员中应当有公司职工代表。

董事会成员由国有资产监督管理机构委派;但是,董事会成员中的职工代表由公司职工代表大会选举产生。

董事会设董事长一人,可以设副董事长。董事长、副董事长由国有资产监督管理机构从董事会成员中指定。

第七十条　国有独资公司监事会成员不得少于五人,其中职工代表的比例不得低于三分之一,具体比例由公司章程规定。

监事会成员由国有资产监督管理机构委派;但是,监事会成员中的职工代表由公司职工代表大会选举产生。监事会主席由国有资产监督管理机构从监事会成员中指定。

监事会行使本法第五十三条第(一)项至第(三)项规定的职权和国务院规定的其他职权。

第一百零八条前三款　股份有限公司设董事会,其成员为五人至十九人。

董事会成员中可以有公司职工代表。董事会中的职工代表由公司职工通过职工代表大会、职工大会或者其他形式民主选举产生。

本法第四十五条关于有限责任公司董事任期的规定,适用于股份有限公司董事。

第一百一十七条　股份有限公司设监事会,其成员不得少于三人。

监事会应当包括股东代表和适当比例的公司职工代表，其中职工代表的比例不得低于三分之一，具体比例由公司章程规定。监事会中的职工代表由公司职工通过职工代表大会、职工大会或者其他形式民主选举产生。

监事会设主席一人，可以设副主席。监事会主席和副主席由全体监事过半数选举产生。监事会主席召集和主持监事会会议；监事会主席不能履行职务或者不履行职务的，由监事会副主席召集和主持监事会会议；监事会副主席不能履行职务或者不履行职务的，由半数以上监事共同推举一名监事召集和主持监事会会议。

董事、高级管理人员不得兼任监事。

本法第五十二条关于有限责任公司监事任期的规定，适用于股份有限公司监事。

3.《全民所有制工业企业职工代表大会条例》

第三条　职工代表大会是企业实行民主管理的基本形式，是职工行使民主管理权力的机构。

企业工会委员会是职工代表大会的工作机构，负责职工代表大会的日常工作。

4.《企业民主管理规定》

第四条　企业职工应当尊重和支持企业依法行使管理职权，积极参与企业管理。

6. 职工代表大会制度应由谁来建立？

对这样一个问题，很多人似是而非。相当多的人甚至一些工会工作者认为，职工代表大会制度是企事业单位工会建立的，理由是：职工代表大会是由基层工会筹备召开的。一些单位的文件材料赫然写道："×××工会第×届职工代表大会第×次会议"。也有一些人认为，职工代表大会制度是企事业单位党组织建立的。如果这样一个问题理不清楚，就无法界定权责边界，职工代表大会就会走形变样，必然引发许多纠纷。事实上，已经发生的很多关于职工代表大会方面的纠纷恰恰印证了这一点。

从我国法律法规规章的规定上可以清楚地知道，职工代表大会制度是企事业单位行政建立的。

比如，《全民所有制工业企业职工代表大会条例》第二条规定："企业在实行厂长负责制的同时，必须建立和健全职工代表大会（或职工大会，下同）制度和其他民主管理制度，保障与发挥工会组织和职工代表在审议企业重大决策、监督行政领导、维护职工合法权益等方面的权力和作用。"这一规定明确，全民所有制企业应当建立职工代表大会制度。

《城镇集体所有制企业条例》第二十七条第一款规定："集体企业必须建立、健全职工（代表）大会制度：（一）100人以下的集体企业，建立职工大会制度；（二）300人以上的集体企业建立职工代表大会制度；（三）100人以上300人以下的集体企业，建立职工大会或者职工代表大会制度，由企业自定。"这一规定也明确，集体企业应当建立职工代表大会制度。

《企业民主管理规定》第二条第二款规定："企业党组织应当加强对民主管理工作的领导和支持。"第三条第二款规定："企业应当按照合法、有序、公开、公正的原则，建立以职工代表大会为基本形式的民主管理制度，实行厂务公开，推行民主管理。公司制企业（以下简称公司）应当依法建立职工董事、职工监事制度。"第二十二条第一款规定，"企业工会委员会是职工代表大会的工作机构，负责职工代表大会的日常工作"。

《学校教职工代表大会规定》第三条第二款规定："学校应当建立

和完善教职工代表大会制度。"

谁代表企事业单位？当然是企事业单位的行政。

同时，企事业单位党组织、行政、工会和广大职工都要参与职工代表大会。单位行政发挥责任主体作用，单位党组织发挥领导支持作用，单位工会发挥工作机构作用。

根据以上规定可知，职工代表大会的工作格局是：党组织领导、行政负责、工会运作、职工广泛参与。

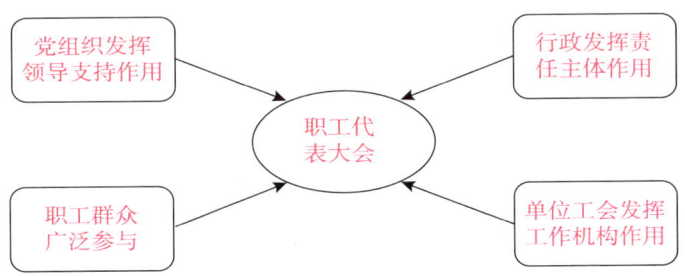

参考规定

1.《工会法》

第三十五条第一款　国有企业职工代表大会是企业实行民主管理的基本形式，是职工行使民主管理权力的机构，依照法律规定行使职权。

2.《全民所有制工业企业职工代表大会条例》

第四条　职工代表大会接受企业党的基层委员会（含不设基层委员会的党总支部委员会、支部委员会，以下简称党委）的思想政治领导，贯彻执行党和国家的方针、政策，正确处理国家、企业和职工三者利益关系，在法律规定的范围内行使职权。

3.《企业民主管理规定》

第二条　企业民主管理工作应当坚持党的领导，以邓小平理论和"三个代表"重要思想为指导，深入贯彻落实科学发展观，坚定不移地贯彻落实党的全心全意依靠工人阶级的根本指导方针。

企业党组织应当加强对民主管理工作的领导和支持。

第三条 职工代表大会（或职工大会，下同）是职工行使民主管理权力的机构，是企业民主管理的基本形式。

企业应当按照合法、有序、公开、公正的原则，建立以职工代表大会为基本形式的民主管理制度，实行厂务公开，推行民主管理。公司制企业（以下简称公司）应当依法建立职工董事、职工监事制度。

企业应当尊重和保障职工依法享有的知情权、参与权、表达权和监督权等民主权利，支持职工参加企业管理活动。

4. 《学校教职工代表大会规定》

第三条 学校教职工代表大会（以下简称教职工代表大会）是教职工参与学校民主管理和监督的基本形式。

学校应当建立和完善教职工代表大会制度。

第六条 教职工代表大会在中国共产党学校基层组织的领导下开展工作。教职工代表大会的组织原则是民主集中制。

7. 工会在职工代表大会中履行哪些职责？

上一个问题已经回答清楚，职工代表大会不是企事业单位工会建立的制度，工会只是职工代表大会的工作机构，负责职工代表大会的日常工作。尽管工会在职工代表大会中可以发挥重要作用，但工会只是参与者、运作者，而不是主导者。找准这一定位至关重要，实际工作中应特别注意不能越位也不能缺位，既不能大包大揽，也不能袖手旁观。综合相关规定，企事业单位工会的职责主要体现在三个方面：组织教育职工参与企事业单位民主管理，协调筹备召开职工代表大会，检查督促职工代表大会决议贯彻执行。

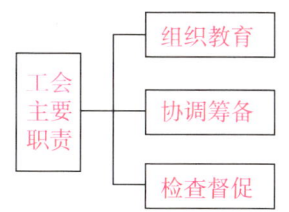

第一,组织教育。工会是职工自愿结合的工人阶级的群众组织,是职工群众利益的代表者、维护者,不仅要维护职工群众劳动经济权益,还要维护职工群众民主政治权益和精神文化权益。职工参与企事业单位民主管理,要依法有序,而不能乱作一团。工会应组织职工有序参与民主管理,教育职工支持企事业单位依法自主经营,引导职工依法行使民主权。《工会法》第六条第三款规定:"工会依照法律规定通过职工代表大会或者其他形式,组织职工参与本单位的民主决策、民主管理和民主监督。"

第二,协调筹备。工会要广泛听取党组织、行政和职工群众的意见,在党组织的领导和行政的支持下,根据本单位实际,提出职工代表大会工作方案,制订工作计划,有组织有计划筹备召开职工代表大会。成立工作机构,制定工作制度,明确职责分工,组织选举职工代表,起草会议文件,征集代表提案,提出建议名单,协调会务安排,培训职工代表,处理筹备过程中的具体事务等。《中华全国总工会办公厅关于规范召开企业职工代表大会的意见》第十五项规定:"工会应当按照企业职代会实施办法(细则)制定职工代表选举方案;负责对职工代表条件、产生程序、人员构成比例等进行审核,并将职工代表名单进行公示,接受职工监督。"

第三,检查督促。职工代表大会闭会期间,就职工代表大会通过的决议执行情况、提案办理情况、厂务公开实行情况等,企事业单位工会要组织专门工作委员会(小组)和职工代表进行监督检查,督促有关部门或单位贯彻落实。要听取职工的意见和建议，受理职工的投诉申诉，维护职工合法权益。组织职工代表进行开展专项巡视、检查、质询等监督活动。对本次职工代表大会有关问题的落实情况要形成报告，提交下次会议审议。《企业民主管理规定》第二十一条第一款规定："职工代表大会在其职权范围内依法审议通过的决议和事项具有约束力，非经职工代表大会同意不得变更或撤销。"

▶ 参考规定

1.《工会法》

第三十五条第二款　国有企业的工会委员会是职工代表大会的工作机构，负责职工代表大会的日常工作，检查、督促职工代表大会决议的执行。

2.《企业民主管理规定》

第二十二条　企业工会委员会是职工代表大会的工作机构，负责职工代表大会的日常工作，履行下列职责：

（一）提出职工代表大会代表选举方案，组织职工选举职工代表和代表团（组）长；

（二）征集职工代表提案，提出职工代表大会议题的建议；

（三）负责职工代表大会会议的筹备和组织工作，提出职工代表大会的议程建议；

（四）提出职工代表大会主席团组成方案和组成人员建议名单；提出专门委员会（小组）的设立方案和组成人员建议名单；

（五）向职工代表大会报告职工代表大会决议的执行情况和职工代表大会提案的办理情况、厂务公开的实行情况等；

（六）在职工代表大会闭会期间，负责组织专门委员会（小组）和职工代表就企业职工代表大会决议的执行情况和职工代表大会提案的办理情况、厂务公开的实行情况等，开展巡视、检查、质询等监督活动；

（七）受理职工代表的申诉和建议，维护职工代表的合法权益；

（八）向职工进行民主管理的宣传教育，组织职工代表开展学习和培训，提高职工代表素质；

（九）建立和管理职工代表大会工作档案。

3. 《学校教职工代表大会规定》

第二十六条 学校工会承担以下与教职工代表大会相关的工作职责：

（一）做好教职工代表大会的筹备工作和会务工作，组织选举教职工代表大会代表，征集和整理提案，提出会议议题、方案和主席团建议人选；

（二）教职工代表大会闭会期间，组织传达贯彻教职工代表大会精神，督促检查教职工代表大会决议的落实，组织各代表团（组）及专门委员会（工作小组）的活动，主持召开教职工代表团（组）长、专门委员会（工作小组）负责人联席会议；

（三）组织教职工代表大会代表的培训，接受和处理教职工代表大会代表的建议和申诉；

（四）就学校民主管理工作向学校党组织汇报，与学校沟通；

（五）完成教职工代表大会委托的其他任务。

选举产生执行委员会的学校，其执行委员会根据教职工代表大会的授权，可承担前款有关职责。

8. 召开职工代表大会需要上级工会审批吗？

这里特别说明一个现象，在一些地方，企事业单位召开职工代表大会向上级工会写请示报告，上级工会还予以批复，对职工代表大会通过的决定决议，有的上级工会还要审查是否有效。虽然初衷是为了提高职工代表大会质量，但这种做法于法无据。

《全民所有制工业企业职工代表大会条例》第八条规定："职工代表大会对厂长在其职权范围内决定的问题有不同意见时，可以向厂长提出建议，也可以报告上级工会。"第二十四条规定："上级工会有指导、支持和维护职工代表大会正确行使职权的责任。"《企业民主管理规定》第五条第二款规定："上级工会应当指导和帮助企业工会和职工依法开展企业民主管理活动，对企业实行民主管理的情况进行监督。"《中华全国总工会办公厅关于规范召开企业职工代表大会的意见》第十九条规定："基层工会组织在召开职代会之前，应当向上一级工会报告会议筹备情况，上一级工会应当予以指导。"

从现有的规定看，上级工会的职责只是指导、帮助和监督，而无权进行批复，对通过的决定决议也无权审查是否有效。"审查是否有效"的做法似有"越权"之嫌，应引起注意。

从道理上讲，职工代表大会是企事业单位行政建立的，上一级工会领导下一级工会，而不是领导下一级单位行政！因职工代表大会是由工会筹备的，在筹备过程中可能遇到一些具体问题，下一级工会可以就这些具体问题请示上一级工会，上一级工会有责任给予指导、帮助和监督。

▶ 参考规定

1.《全民所有制工业企业职工代表大会条例》

第八条　职工代表大会对厂长在其职权范围内决定的问题有不同意见时，可以向厂长提出建议，也可以报告上级工会。

第二十四条　上级工会有指导、支持和维护职工代表大会正确行使职权的责任。

2.《企业民主管理规定》

第四条 企业职工应当尊重和支持企业依法行使管理职权，积极参与企业管理。

第五条 企业工会应当组织职工依法开展企业民主管理，维护职工合法权益。

上级工会应当指导和帮助企业工会和职工依法开展企业民主管理活动，对企业实行民主管理的情况进行监督。

3.《中华全国总工会办公厅关于规范召开企业职工代表大会的意见》

十九、基层工会组织在召开职代会之前，应当向上一级工会报告会议筹备情况，上一级工会应当予以指导。

9. 职工代表大会与会员代表大会能"两会合一"吗？

当前，职工代表大会与会员代表大会"两会合一"的问题非常突出，带来了许多法律风险，产生了许多不良后果。为什么会产生"两会合一"问题呢？既有制度原因，也有现实原因，但更多的是主观原因。

1992年中华全国总工会办公厅印发的《关于基层工会会员代表大会代表实行常任制的若干暂行规定》（简称《暂行规定》，已经废止）第四部分用四条对"会员代表大会与职工代表大会"作出了规定，初衷是方便基层工会操作，因基层工会委员会是职工代表大会的工作机构。原《暂行规定》第三十条规定："会员代表大会与职工代表大会，可以分别举行，也可以结合举行，按会议议程分段召开。"这一规定写的是"结合"举行，而不是"合并"举行，必须把二者区分开来，而相当多的基层工会望文生义，把"结合"当成了"合并"。第三十三条规定："实行两会结合的单位的工会会员代表大会的召开，以及工会领导人的民主选举结果，仍按工会章程的规定，报上级工会审批。"

但遗憾的是，相当多的企事业单位甚至国有企业也在搞"两会合一"，甚至一些省（区、市）总工会竟然力推"两会合一"，令人感到不可思议。

"两会合一"模糊了会员代表大会与职工代表大会的性质，混淆了二者的职能，造成的法律风险主要有：

一是，由职工代表大会选举、补选、罢免工会主席、副主席和委员，工会组织的合法性受到质疑；

二是，由职工代表大会讨论决定工会内部事项，违反了《工会法》的规定；

三是，由会员代表大会审议的规章制度，在涉及劳动争议案件仲裁诉讼时，不被劳动仲裁机构、人民法院所认可；

四是，由会员代表大会通过的有关涉及职工权益的方案，其有效性受到质疑。

主张"两会合一"的理由有两个：一是，职工代表同时是会员代表，且人数相同；二是，都是由本单位工会筹备召开的会议。

所以，这里有必要澄清二者的区别：

第一，设立的主体不同。职工代表大会是由单位行政建立的民主管理制度；而会员代表大会是由单位工会建立的工会组织建设制度。

第二，机构性质不同。职工代表大会是职工行使民主权利的机构，是用人单位开展民主管理工作的制度；而会员代表大会是单位工会组织的最高领导机构，也是用人单位工会的最高领导机构。

第三，职责职能不同。职工代表大会的职能是审议、讨论、通过、决定单位行政提出的有关事项；而会员代表大会的职能是审议、讨论、通过、决定单位工会内部的有关事务。

第四，责任主体不同。职工代表大会由单位行政负责，工作格局是党委领导、行政负责、工会运作、职工广泛参与；而会员大会由单位工会负责。

第五，监督的对象不同。职工代表大会监督对象是单位行政；而会员代表大会的监督对象是单位工会领导机构。

第六，代表候选人的范围不同。从现象上看，职工代表与会员代表完全重合。但从理论上看，职工代表候选人的范围与会员代表候选人的范围是不同的。职工代表候选人必须与用人单位建立劳动关系，也就是通常说的本单位职工。比如，待岗、长期病休等离岗人员仍然是单位职工，有资格当选为职工代表，但无资格当选为会员代表；而会员代表候选人必须是工会会员，不一定与用人单位建立劳动关系。比如，劳务派遣劳动者工会会籍在用工单位工会的，有资格当选会员代表，但没有资格当选职工代表。

第七，代表人数的计算方法不同。根据《企业民主管理规定》第八条的规定，"职工代表人数按照不少于全体职工人数的百分之五确定，最少不少于三十人。职工代表人数超过一百人的，超出的代表人数可以由企业与工会协商确定"。《中华全国总工会办公厅关于规范召开企业职工代表大会的意见》第六条规定，"企业职工人数在五十人以下的，应当召开职工大会"。而会员代表的人数另有不同规定，2019年1月15日中华全国总工会印发的《基层工会会员代表大会条例》第九条规定，会员代表人数不是按照会员人数比例来计算的，而是按照会员人数分档定额来确定的。会员不足100人的，应召开会员大会，会员人数100人以上的应召开会员大会或会员代表大会。就前面举的例子看，如果会员2000人或3000人时，会员代表名额为60至90名，由基层工会在60至90之间确定一个名额数，不存在与行政协商确定的问题。

▶ 参考规定

1.《城镇集体所有制企业条例》

第二十七条第一款　集体企业必须建立、健全职工（代表）大会制度：

（一）100人以下的集体企业，建立职工大会制度；

（二）300人以上的集体企业建立职工代表大会制度；

（三）100人以上300人以下的集体企业，建立职工大会或者职工代表大会制度，由企业自定。

2.《企业民主管理规定》

第八条　企业可以根据职工人数确定召开职工代表大会或者职工大会。

企业召开职工代表大会的，职工代表人数按照不少于全体职工人数的百分之五确定，最少不少于三十人。职工代表人数超过一百人的，超出的代表人数可以由企业与工会协商确定。

3.《中华全国总工会办公厅关于规范召开企业职工代表大会的意见》

六、企业应当根据职工人数和生产（行政）单位设置状况确定职工代表总数、划分选取、分配名额，进行职工代表的选举。职工代表人数应当按照企业全体职工人数的一定比例确定，具体比例和人数应当按照本企业职代会实施办法（细则）确定，或由企业与工会协商确定，但最少不得少于三十人。企业职工人数在五十人以下的，应当召开职工大会。

4.《基层工会会员代表大会条例》

第三条　会员不足100人的基层工会组织，应召开会员大会；会员100人以上的基层工会组织，应召开会员大会或会员代表大会。

第四条　会员代表大会是基层工会的最高领导机构，讨论决定基层工会重大事项，选举基层工会领导机构，并对其进行监督。

第九条　会员代表名额，按会员人数确定：

会员100至200人的，设代表30至40人；

会员201至1000人的，设代表40至60人；

会员1001至5000人的，设代表60至90人；

会员5001至10000人的，设代表90至130人；

会员10001至50000人的，设代表130至180人；

会员50001人以上的，设代表180至240人。

第四十三条　会员代表大会与职工代表大会应分别召开，不得互相代替。如在同一时间段召开的，应分别设置会标、分别设定会议议程、分别行使职权、分别作出决议、分别建立档案。

5.《学校教职工代表大会规定》

第十五条　有教职工80人以上的学校，应当建立教职工代表大会制度；不足80人的学校，建立由全体教职工直接参加的教职工大会制度。

学校根据实际情况，可在其内部单位建立教职工代表大会制度或者教职工大会制度，在该范围内行使相应的职权。

教职工大会制度的性质、领导关系、组织制度、运行规则等，与教职工代表大会制度相同。

6.《企业工会工作条例》

第十条　会员大会或会员代表大会与职工代表大会或职工大会须分别行使职权，不得相互替代。

第二章 职工代表选举、罢免、补选及履职应关注的问题

职工代表是组成职工代表大会的基础，职工代表选举是否规范很大程度上决定了职工代表大会的合法性、权威性。怎样确定职工代表的人数和结构？哪些人可以当选为职工代表？劳务派遣工、职业高管、民营企业老板（合伙人）能当选为职工代表吗？怎样选举职工代表？罢免、补选职工代表应注意哪些关键环节？职工代表怎样履行职责？本章就这些实践中经常遇到的热点难点问题，依据现行法律政策规定，从理论和实践上予以分析。

10. 怎样确定职工代表的人数？

召开职工代表大会，就要选举职工代表，首先要解决的问题是确定职工代表的人数。《全民所有制工业企业职工代表大会条例》《城镇集体所有制企业条例》《企业民主管理规定》《学校教职工代表大会规定》《中华全国总工会办公厅关于规范召开企业职工代表大会的意见》等有关规定，对职工代表人数，有的作出了具体规定，有的没有作出具体规定，这给具体操作带来了一个难题。按照"特别优于一般"的原则，

有特别规定的依照特别规定，没有特别规定的适用一般规定，笔者对现有的规定列表对比如下：

	全民所有制工业企业	城镇集体所有制企业	其他企业	学校
职工大会	职工50人以下	职工100人以下，或100人以上300人以下的，由企业自定	职工50人以下	不足80人
职工代表大会代表人数	职工50人以上。代表按职工人数的5%确定，不得少于30人。当代表超过100人时，超出人数可以由企业和工会协商确定	职工300人以上，或100人以上300人以下。代表按职工人数的5%确定，不得少于30人。当代表超过100人时，超出人数可以由企业和工会协商确定	职工50人以上。代表按职工人数的5%确定，不得少于30人。当代表超过100人时，超出人数可以由企业和工会协商确定	教职工80人以上。代表人数由地方省级教育等部门确定；地方省级教育等部门没有确定的，由学校自主确定

关于该表的几点说明：

第一，关于全民所有制工业企业和其他企业职工代表的人数问题。《全民所有制工业企业法》《全民所有制工业企业职工代表大会条例》《企业民主管理规定》都没有规定职工多少人的召开职工大会，职工多少人的召开职工代表大会。2011年《中华全国总工会办公厅关于规范召开企业职工代表大会的意见》第六条规定，"企业职工人数在五十人以下的，应当召开职工大会"。这属于一般性的规定，因城镇集体企业、学校有特别规定，所以，该表对全民所有制工业企业、其他企业适用一般性规定，列明50人以下的召开职工大会，50人以上的可以召开职工代表大会。

至于代表人数，因没有特别规定，该表采用《企业民主管理规定》第八条的规定，按职工人数的5%确定，不少于30人。

第二，关于城镇集体企业职工代表人数问题。《城镇集体所有制企业条例》第二十七条特别规定，100人以下的召开职工大会，100人以上300人以下的由企业自主决定，300人以上的召开职工代表大会。

第三，关于学校教职工代表大会代表人数和结构。因学校不同于企业，不宜适用《企业民主管理规定》。该表严格采用《学校教职工代表大会规定》。

第四，怎样理解"当代表超过100人时，超出人数可以由企业和工会协商确定"。举例说明，当一个用人单位的职工为1000人时，按5%

● 以一般企业为例：

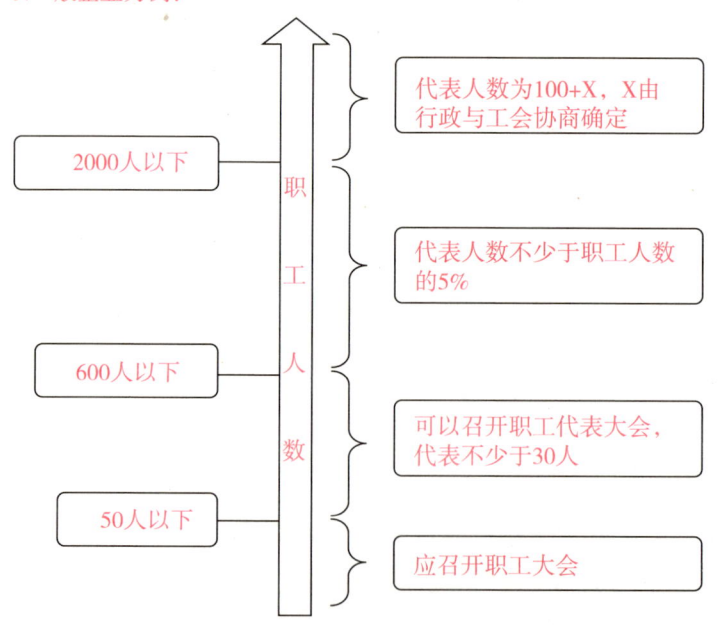

职工人数：
- 2000人以下 → 代表人数为100+X，X由行政与工会协商确定
- 600人以下 → 代表人数不少于职工人数的5%
- 50人以下 → 可以召开职工代表大会，代表不少于30人
- 应召开职工大会

的比例计算，职工代表总数为 50 人，当职工为 2000 人时，职工代表总数为 100 名。当职工有 4000 人时，职工代总数是否为 200 人呢？不一定！因为依照规定，当职工代表人数超出 100 人时，超出人数由企业与工会协商确定，职工代表人数在 100 人的基础上，由企业与工会商定具体增加多少人，而不按照 5% 的比例计算。就常理而言，增加人数可以从 1 人到 100 人之间选取一个数额，可以增加 1 人……35 人……65 人……95 人……，但不可能超过 100 人。试想，如果增加人数超出 100 人，按 5% 的比例计算就可以了，何必规定"超出人数由企业与工会协商确定"呢？

参考规定

1.《城镇集体所有制企业条例》

第二十七条　集体企业必须建立、健全职工（代表）大会制度：

（一）100 人以下的集体企业，建立职工大会制度；

（二）300 人以上的集体企业建立职工代表大会制度；

（三）100 人以上 300 人以下的集体企业，建立职工大会或者职工代表大会制度，由企业自定。

职工代表大会代表由职工选举产生。代表应当是思想进步、工作积极、联系群众、有参加民主管理能力的职工。

2.《企业民主管理规定》

第八条　企业可以根据职工人数确定召开职工代表大会或者职工大会。

企业召开职工代表大会的，职工代表人数按照不少于全体职工人数的百分之五确定，最少不少于三十人。职工代表人数超过一百人的，超出的代表人数可以由企业与工会协商确定。

3. 《学校教职工代表大会规定》

第九条 凡与学校签订聘任聘用合同、具有聘任聘用关系的教职工，均可当选为教职工代表大会代表。

教职工代表大会代表占全体教职工的比例，由地方省级教育等部门确定；地方省级教育等部门没有确定的，由学校自主确定。

第十条 教职工代表大会代表以学院、系（所、年级）、室（组）等为单位，由教职工直接选举产生。

教职工代表大会代表可以按照选举单位组成代表团（组），并推选出团（组）长。

4. 《中华全国总工会办公厅关于规范召开企业职工代表大会的意见》

六、企业应当根据职工人数和生产（行政）单位设置状况确定职工代表总数、划分选区、分配名额，进行职工代表的选举。职工代表人数应当按照企业全体职工人数的一定比例确定，具体比例和人数应当按照本企业职代会实施办法（细则）确定，或由企业与工会协商确定，但最少不得低于三十人。企业职工人数在五十人以下的，应当召开职工大会。

11. 职工代表的结构有哪些要求？

职工代表的人数确定以后，还要明确职工代表的结构，这是一个政策性、实践性很强的问题，既要注意合理性，又要注意合法性。结构问题非常重要，敏感而复杂，解决的核心问题是：职工代表大会能否最大限度地代表职工群众？不同的规范性文件，对结构有不同的规定，按照"特别优于一般"的原则，有特别规定的依照特别规定，没有特别规定的适用一般规定，对现有的规定列表对比如下：

	全民所有制工业企业	城镇集体所有制企业	其他企业	学校
职工代表结构	由工人、技术人员、管理人员、企业领导人员和其他方面的职工组成。其中企业领导人员一般不超过职工代表总数的五分之一。青年职工和女职工应占一定比例	由工人、技术人员、管理人员、企业领导人员和其他方面的职工组成。其中，企业中层以上管理人员和领导人员一般不得超过职工代表总人数的百分之二十。有女职工和劳务派遣职工的企业，职工代表中应当有适当比例的女职工和劳务派遣职工代表	由工人、技术人员、管理人员、企业领导人员和其他方面的职工组成。其中，企业中层以上管理人员和领导人员一般不得超过职工代表总人数的百分之二十。有女职工和劳务派遣职工的企业，职工代表中应当有适当比例的女职工和劳务派遣职工代表	教师为主体，教师代表不得低于代表总数的60%，并应当根据学校实际，保证一定比例的青年教师和女教师代表。民族地区的学校和民族学校，少数民族代表应当占有一定比例

关于该表的几点说明：

第一，关于全民所有制工业企业职工代表大会的代表结构问题。因《全民所有制工业企业职工代表大会条例》与《企业民主管理规定》表述大致相同。

注意，中央企业对代表结构还有更细一点的规定，2007年印发的《国资委党委 国资委关于建立和完善中央企业职工代表大会制度的指导意见》中规定，"职工代表的结构应以一线职工（包括一线工人、技术人员和管理人员）为主体。子企业分布比较集中的中央企业的正副职负责人及所辖子企业正职负责人担任的职工代表，一般不超过代表总数的25%；子企业数量多、分布广的中央企业的正副职负责人及所辖子企业正职负责人担任的职工代表，一般不超过代表总数的35%。贸易型、高新技术型企业的职工代表，应以一线的贸易、科技人员等为主体。在职工代表中，劳模先进人物、青年职工和女职工应占适当比例"。

第二，关于城镇集体企业职工代表大会的代表结构问题。《城镇集体所有制企业条例》第二十七条特别规定，100人以下的集体企业，建立职工大会制度；100人以上300人以下的集体企业，建立职工大会或者职工代表大会制度，由企业自主决定；300人以上的集体企业，建立职工代表大会制度。

至于代表的结构，《城镇集体所有制企业条例》并没有明确规定，故该表采用《企业民主管理规定》第九条的规定。

第三，关于学校教职工代表大会的代表结构问题。因学校的特殊性，不宜适用《企业民主管理规定》。该表严格采用《学校教职工代表大会规定》。

▶ 参考规定

1. 《全民所有制工业企业职工代表大会条例》

第十二条　职工代表中应当有工人、技术人员、管理人员、领导干部和其他方面的职工。其中企业和车间、科室行政领导干部一般为职工代表总数的五分之一。青年职工和女职工应当占适当比例。

为了吸收有经验的技术人员、经营管理人员参加职工代表大会，可以在企业或者车间范围内，经过民主协商，推选一部分代表。

职工代表按分厂、车间、科室（或若干科室）组成代表团（组），推选团（组）长。

2. 《企业民主管理规定》

第九条　职工代表大会的代表由工人、技术人员、管理人员、企业领导人员和其他方面的职工组成。其中，企业中层以上管理人员和领导人员一般不得超过职工代表总人数的百分之二十。有女职工和劳务派遣职工的企业，职工代表中应当有适当比例的女职工和劳务派遣职工代表。

3.《学校教职工代表大会规定》

第十一条　教职工代表大会代表以教师为主体，教师代表不得低于代表总数的60%，并应当根据学校实际，保证一定比例的青年教师和女教师代表。民族地区的学校和民族学校，少数民族代表应当占有一定比例。

教职工代表大会代表接受选举单位教职工的监督。

4.《中华全国总工会办公厅关于规范召开企业职工代表大会的意见》

七、职工代表中应当有工人、技术人员、管理人员、企业领导人员和其他方面的职工。其中企业领导人员一般不超过职工代表总数的五分之一。

12. 哪些人可以当选为职工代表？

顾名思义，只有职工才能当选职工代表，但哪些人属于职工呢？这个问题看起来简单，但要回答清楚，需要很多笔墨，这里不便赘述。先看一下具体规定。

《企业民主管理规定》第二十三条规定："与企业签订劳动合同建立劳动关系以及与企业存在事实劳动关系的职工，有选举和被选举为职工代表大会代表的权利。""依法终止或者解除劳动关系的职工代表，其代表资格自行终止。"就是说，与企业建立劳动关系的职工才有资格当选职工代表。

《学校教职工代表大会规定》第九条第一款规定："凡与学校签订

聘任聘用合同、具有聘任聘用关系的教职工，均可当选为教职工代表大会代表。"也就是说，与学校建立聘任聘用关系的教职工才有资格当选职工代表。

至于什么是职工，没有明确的概念。笔者只是提醒读者，简单理解，所谓职工，是指与用人单位建立劳动关系或工作关系，以工资收入为主要生活来源的劳动者。把握以下关键词：

第一，用人单位——指的是劳动法律规定的用人单位，具体包括企业、事业单位、国家机关、社会团体、个体经济组织、民办非企业单位等组织。不在用人单位劳动或工作的，不属于职工范畴，比如，自由职业者。

第二，劳动关系——是指依照国家劳动法律法规由劳动者与用人单位建立的经济社会关系。劳动关系具有特定的含义，不是所有人从事所有的劳动都能建立劳动关系。建立劳动关系应满足三个条件：

一是，建立劳动关系必须有两方主体，一方是符合劳动法律法规规定的劳动者，另一方是符合劳动法律法规的用人单位。

二是，建立劳动关系所依据的必须是国家劳动法律法规，双方的权利和义务只能由国家劳动法律法规来规范调整，双方权利的实现，是由国家强制力来保障的。

三是，建立劳动关系必须是劳动者在用人单位安排下提供实际劳动。《劳动合同法》第十条第二款、第三款规定："已建立劳动关系，未同时订立劳动合同时，应当自用工之日起一个月内订立书面劳动合同。""用人单位与劳动者在用工前订立劳动合同的，劳动关系自用工之日起建立。"

第三，工作关系——是指纳入公务员管理或事业编制管理的人员，他们与用人单位建立的是工作关系，其权利义务不适用劳动法律，由其他法律法规规章及政策来调整，但他们以工资收入为主要生活来源，属于职工范畴。

第四，以工资收入为主要生活来源——是指生活费用支出的大部分靠个人的工资、津贴、奖金或者其他工资性收入。而企事业单位招聘的职业高级管理人员，他们与用人单位建立的是民事关系，其生活来源主要依据经营业绩考核来决定报酬，这类人群不属于职工范畴。

第五，劳动者——是指劳动法律意义上的劳动人员或从事公务工作的人员，应具备四个条件：

一是，具有法定的年龄。从年满16周岁（除特殊工种外）开始，到法定退休年龄截止。

二是，具备一定的劳动权利能力和劳动行为能力。劳动权利能力和劳动行为能力必须同时具备，缺一不可。比如，被判处有期徒刑的人，不具有劳动权利能力，不能成为劳动者；精神病人或完全丧失劳动能力的人，因不具有劳动行为能力，也不能成为劳动者。

三是，依照劳动法律与用人单位建立劳动关系。即依据劳动法律与用人单位设定双方的权利与义务。依照《劳动合同法》第二条的规定，用人单位包括企业、事业单位、国家机关、社会团体、个体经济组织和民办非企业单位等组织。

四是，从事的劳动必须受国家法律保护。即劳动的内容是合法受法律保护的。而从事贩毒、偷盗属于违法行为。

实际工作中，对是否属于职工，要根据法理政策认真分析。主要应把握"用人单位""劳动关系或工作关系""以工资收入为主要生活来源""劳动者"等关键词。

参考规定

1. 《工会法》

第三条 在中国境内的企业、事业单位、机关中以工资收入为主要生活来源的体力劳动者和脑力劳动者，不分民族、种族、性别、职业、宗教信仰、教育程度，都有依法参加和组织工会的权利。任何组织和个人不得阻挠和限制。

2. 《劳动法》

第十五条　禁止用人单位招用未满十六周岁的未成年人。

文艺、体育和特种工艺单位招用未满十六周岁的未成年人，必须依照国家有关规定，履行审批手续，并保障其接受义务教育的权利。

3. 《劳动合同法》

第十条　建立劳动关系，应当订立书面劳动合同。

已建立劳动关系，未同时订立书面劳动合同的，应当自用工之日起一个月内订立书面劳动合同。

用人单位与劳动者在用工前订立劳动合同的，劳动关系自用工之日起建立。

4. 《劳动合同法实施条例》

第二十一条　劳动者达到法定退休年龄的，劳动合同终止。

13. 企业聘任的职业高管、民营企业老板（合伙人）能当选为职工代表吗？

现实中，有人误以为在本单位劳动（工作）的人员都属于职工，一些企业聘任的职业高管、民营企业老板（合伙人）也当选为职工代表，影响了职工代表大会的质量，职工代表大会的代表性和权威性受到质疑。这里有必要予以澄清。

不能把单位从业人员与职工混为一谈，单位从业人员不一定就是职工。前面已经阐明，判断是否属于职工，应把握"用人单位""劳动关系或工作关系""以工资收入为主要生活来源""劳动者"等关键词。

企业聘任的职业高管，属于单位从业人员，但职业高管与企业之间签订的是聘任合同，有的名义上也可能称为"劳动合同"，但权利义务是依照民事关系来设定，实质上是民事合同，不属于劳动合同，所建立的关系属于民事关系，而不属于劳动关系。职业高管根据聘任合同的约定经营管理企业，取得的报酬与企业经营业绩挂钩，不同于一般意义的工资收入。因此，企业聘任的职业高管不属于职工范畴，是不能当选为职工代表的。

民营企业老板（合伙人），他们是企业的所有者，代表企业的利益。普通劳动者可以与民营企业建立劳动关系，但民营企业老板（合伙人）是无法与自己开办的企业建立劳动关系的，如果硬要说成是"劳动关系"，等同于"自己同自己"建立"劳动关系"，这不符合劳动关系本质要求。虽然，民营企业老板（合伙人）每月也领取"工资"，但他们的主要生活来源并不是所谓的"工资"，而是企业经营资本取得的收益。因此，民营企业老板（合伙人）虽属于单位从业人员，但不属于职工范畴，也不能当选为职工代表。

同样道理，个体经济组织的业主、民办非企业单位的业主以及灵活就业人员虽属从业人员，但也不属于职工的范畴。

参考规定

1.《社会保险法》

第十条　职工应当参加基本养老保险，由用人单位和职工共同缴纳基本养老保险费。

无雇工的个体工商户、未在用人单位参加基本养老保险的非全日制从业人员以及其他灵活就业人员可以参加基本养老保险，由个人缴纳基本养老保险费。

公务员和参照公务员法管理的工作人员养老保险的办法由国务院

规定。

2. 党的十六大报告《全面建设小康社会 开创中国特色社会主义事业新局面》

"在社会变革中出现的民营科技企业的创业人员和技术人员、受聘于外资企业的管理技术人员、个体户、私营企业主、中介组织的从业人员、自由职业人员等社会阶层，都是中国特色社会主义事业的建设者。"

3. 《劳动和社会保障部关于确立劳动关系有关事项的通知》

一、用人单位招用劳动者未订立书面劳动合同，但同时具备下列情形的，劳动关系成立。

（一）用人单位和劳动者符合法律、法规规定的主体资格；

（二）用人单位依法制定的各项劳动规章制度适用于劳动者，劳动者受用人单位的劳动管理，从事用人单位安排的有报酬的劳动；

（三）劳动者提供的劳动是用人单位业务的组成部分。

二、用人单位未与劳动者签订劳动合同，认定双方存在劳动关系时可参照下列凭证：

（一）工资支付凭证或记录（职工工资发放花名册）、缴纳各项社会保险费的记录；

（二）用人单位向劳动者发放的"工作证"、"服务证"等能够证明身份的证件；

（三）劳动者填写的用人单位招工招聘"登记表"、"报名表"等招用记录；

（四）考勤记录；

（五）其他劳动者的证言等。

其中，（一）、（三）、（四）项的有关凭证由用人单位负举证责任。

14. 劳务派遣工能当选为职工代表吗?

劳务派遣用工是一种特殊的劳动用工形式，也是一种补充用工形式，只能在临时性、辅助性或者替代性的工作岗位上实施。为保护劳务派遣工的民主权利，《企业民主管理规定》第九条规定，"有女职工和劳务派遣职工的企业，职工代表中应当有适当比例的女职工和劳务派遣职工代表。"这里虽然写上要有适当比例的劳务派遣工代表，但落实起来并没有那么简单，有的单位选举了劳务派遣工职工代表，但也引发了一些矛盾。质疑者认为，只有本单位的职工才能当选职工代表，劳务派遣工不是本单位的职工，怎么能当选为职工代表呢？这确实是一个现实问题，也是一个理论问题，值得深入研究思考。

一般来说，劳动合同用工涉及二方主体，而劳务派遣用工涉及三方主体：劳动者、用人单位和用工单位。这种用工形式的特殊性在于，劳动者与劳务派遣单位签订劳动合同，建立劳动合同关系，但劳动者被派遣到用工单位实施劳动，劳动者与用工单位之间建立用工关系。劳务派遣单位与用工单位订立劳务派遣协议，建立民事法律关系。这种用工方式的突出特点，可简单地概括为，有关系没劳动，有劳动没关系。

劳务派遣工的民主权益怎么得到维护呢？《劳动合同法》第六十四条规定："被派遣劳动者有权在劳务派遣单位或者用工单位依法参加或者组织工会，维护自身合法权益。"但由于劳务派遣用工的特殊性，现实中，一些劳务派遣单位与用工单位相互推诿，致使相当数量的劳务派遣工加入工会的权利难以实现。

劳务派遣用工关系图示：

```
         劳动者
      ↗         ↖
劳动合同关系    劳动用工关系
  ↙                ↘
劳务派遣单位  ←→  用工单位
(用人单位)   民事法律关系
```

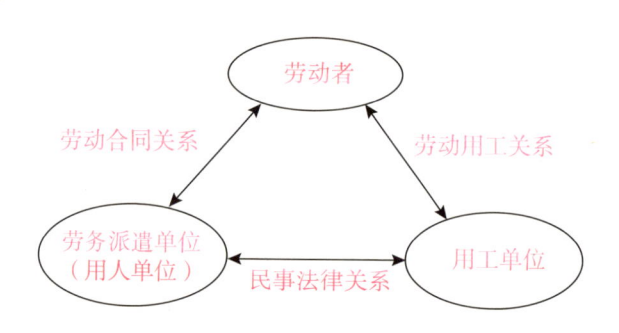

为破解这一现实难题，2009年4月30日中华全国总工会印发的《关于组织劳务派遣工加入工会的规定》明确了四个重要问题：

一是，劳务派遣工应首先选择参加劳务派遣单位工会，劳务派遣单位工会委员中应有相应比例的劳务派遣工会员作为委员成员。劳务派遣单位没有建立工会组织的，劳务派遣工有权申请加入用工单位工会。

二是，在劳务派遣工会员接受派遣期间，劳务派遣单位工会可以委托用工单位工会代管。劳务派遣单位工会与用工单位工会可以签订委托管理协议，明确双方对会员组织活动、权益维护等方面的责任与义务。

三是，劳务派遣工的工会经费应由用工单位按劳务派遣工工资总额的百分之二提取并拨付劳务派遣单位工会，属于应上缴上级工会的经费，由劳务派遣单位工会按规定比例上缴。用工单位工会接受委托管理劳务派遣工会员的，工会经费留用部分怎样使用，由劳务派遣单位工会和用工单位工会协商确定。

四是，劳务派遣工会员人数由会籍所在单位统计。加入劳务派遣单位工会的，包括委托用工单位管理的劳务派遣工会员，由劳务派遣单位工会统计，直接加入用工单位工会的由用工单位工会统计。

为使劳务派遣工加入工会的民主权利得以落地，2019年1月15日中华全国总工会印发的《基层工会会员代表大会条例》第十三条规定，"劳务派遣工会员民主权利的行使，如用人单位工会与用工单位工会有约定的，依照约定执行；如没有约定或约定不明确的，在劳务派遣工会员会籍所在工会行使。"

根据前面的问题分析，就常理而言，只有本单位的职工才能当选为职工代表，而劳务派遣工并不是用工单位的职工，原则上是没有资格当选为职工代表的。《劳动合同法》第五十九条第一款规定："劳务派遣单位派遣劳动者应当与接受以劳务派遣形式用工的单位（以下称用工单位）订立劳务派遣协议。劳务派遣协议应当约定派遣岗位和人员数量、派遣期限、劳动报酬和社会保险费的数额与支付方式以及违反协议的责任。"《劳务派遣暂行规定》第七条规定了劳务派遣协议的十三项必备内容，但没有涉及劳务派遣工民主权利如何行使的问题。

笔者以为，因劳务派遣用工的特殊性，在确定劳务派遣工能否当选为职工代表时，不能简单感情用事，要运用法治思维和法治方式来思考和处理问题，不得脱离劳动关系的一般属性，应适当关注劳务派遣用工的特殊性。实际工作中可尝试这样处理：

一是，应以劳动关系为准。劳动关系是前提，劳务派遣工的劳动关系在劳务派遣单位，当选职工代表的选举权、被选举权和表决权应当在劳务派遣单位行使；

二是，可以协议约定为准。如果劳务派遣单位和用工单位签订的协议中，对劳务派遣工的选举权、被选举权和表决权作出了明确约定的，可以协议约定为准。如果协议中没有约定或约定不明确的，劳务派遣单位和用工单位可以重新协商。如协商不成的，应回到以劳动关系为准；

三是，可作为列席代表。如果用工单位的劳务派遣工数量较多，对本单位发展比较重要，在没有劳务派遣工职工代表的情况下，可邀请一定数量的劳务派遣工作为列席代表。

▶ 参考规定

1.《劳动合同法》

第五十八条 劳务派遣单位是本法所称用人单位,应当履行用人单位对劳动者的义务。劳务派遣单位与被派遣劳动者订立的劳动合同,除应当载明本法第十七条规定的事项外,还应当载明被派遣劳动者的用工单位以及派遣期限、工作岗位等情况。

劳务派遣单位应当与被派遣劳动者订立二年以上的固定期限劳动合同,按月支付劳动报酬;被派遣劳动者在无工作期间,劳务派遣单位应当按照所在地人民政府规定的最低工资标准,向其按月支付报酬。

第五十九条 劳务派遣单位派遣劳动者应当与接受以劳务派遣形式用工的单位(以下称用工单位)订立劳务派遣协议。劳务派遣协议应当约定派遣岗位和人员数量、派遣期限、劳动报酬和社会保险费的数额与支付方式以及违反协议的责任。

用工单位应当根据工作岗位的实际需要与劳务派遣单位确定派遣期限,不得将连续用工期限分割订立数个短期劳务派遣协议。

第六十四条 被派遣劳动者有权在劳务派遣单位或者用工单位依法参加或者组织工会,维护自身的合法权益。

第六十六条 劳动合同用工是我国的企业基本用工形式。劳务派遣用工是补充形式,只能在临时性、辅助性或者替代性的工作岗位上实施。

2.《劳动合同法实施条例》

第三十条 劳务派遣单位不得以非全日制用工形式招用被派遣劳动者。

3.《劳务派遣暂行规定》

第三条 用工单位只能在临时性、辅助性或者替代性的工作岗位上使用被派遣劳动者。

前款规定的临时性工作岗位是指存续时间不超过6个月的岗位；辅助性工作岗位是指为主营业务岗位提供服务的非主营业务岗位；替代性工作岗位是指用工单位的劳动者因脱产学习、休假等原因无法工作的一定期间内，可以由其他劳动者替代工作的岗位。

用工单位决定使用被派遣劳动者的辅助性岗位，应当经职工代表大会或者全体职工讨论，提出方案和意见，与工会或者职工代表平等协商确定，并在用工单位内公示。

第四条　用工单位应当严格控制劳务派遣用工数量，使用的被派遣劳动者数量不得超过其用工总量的10%。

前款所称用工总量是指用工单位订立劳动合同人数与使用的被派遣劳动者人数之和。

计算劳务派遣用工比例的用工单位是指依照劳动合同法和劳动合同法实施条例可以与劳动者订立劳动合同的用人单位。

4.《基层工会会员代表大会条例》

第十三条　会员代表应由会员民主选举产生，不得指定会员代表。劳务派遣工会员民主权利的行使，如用人单位工会与用工单位工会有约定的，依照约定执行；如没有约定或约定不明确的，在劳务派遣工会员会籍所在工会行使。

5.《工会会员会籍管理办法》

第九条　劳务派遣工可以在劳务派遣单位加入工会，也可以在用工单位加入工会。劳务派遣单位没有建立工会的，劳务派遣工在用工单位加入工会。

在劳务派遣工会员接受派遣期间，劳务派遣单位工会可以与用工单位工会签订委托管理协议，明确双方对会员组织活动、权益维护等方面的责任与义务。

加入劳务派遣单位工会（含委托用工单位管理）的会员，其会籍由劳务派遣单位工会管理。加入用工单位工会的会员会籍由用工单位工会管理。

15. 职工代表应具备哪些条件？

职工代表代表职工，应具备一定的先进性和代表性。《全民所有制工业企业职工代表大会条例》第十条规定："按照法律规定享有政治权利的企业职工，均可当选职工代表。"《企业民主管理规定》第二十三条第一款规定："与企业签订劳动合同建立劳动关系以及与企业存在事实劳动关系的职工，有选举和被选举为职工代表大会代表的权利。"《学校教职工代表大会规定》第九条第一款规定："凡与学校签订聘任聘用合同、具有聘任聘用关系的教职工，均可当选为教职工代表大会代表。"从这些规定可知，凡享有政治权利，与本单位建立劳动关系或工作关系的职工，都有资格当选职工代表，这是最起码的要求，但仅有这些要求似乎是不够的。

《城镇集体所有制企业条例》第二十七条第二款规定："职工代表大会代表由职工选举产生。代表应当是思想进步、工作积极、联系群众、有参加民主管理能力的职工。"这一规定比以上规定有所细化。

职工代表毕竟代表职工，虽不能要求过高，但要具备胜任履行代表职责的条件，不能徒有虚名。实际操作中，各企事业单位可从思想、工作、能力、为人等方面，提一些更加明确更加具体的条件，以便发挥导向作用。比如，有一定政治觉悟和政策水平；有一定业务知识和语言文字表达能力；具有较强的责任感，能做好本职工作；关心集体、遵守纪律、联系群众、办事公道；为人正派，在职工群众中具有一定的威信等。

▶ 参考规定

1.《全民所有制工业企业职工代表大会条例》

第十条　按照法律规定享有政治权利的企业职工，均可当选为职工代表。

2.《城镇集体所有制企业条例》

第二十七条第二款　职工代表大会代表由职工选举产生。代表应当是思想进步、工作积极、联系群众、有参加民主管理能力的职工。

3.《企业民主管理规定》

第二十三条第一款　与企业签订劳动合同建立劳动关系以及与企业存在事实劳动关系的职工，有选举和被选举为职工代表大会代表的权利。

4.《学校教职工代表大会规定》

第九条　凡与学校签订聘任聘用合同、具有聘任聘用关系的教职工，均可当选为教职工代表大会代表。

教职工代表大会代表占全体教职工的比例，由地方省级教育等部门确定；地方省级教育等部门没有确定的，由学校自主确定。

16. 怎样选举职工代表？

职工代表自然要由职工来选举，但怎样选举，是全体职工选举还是部分职工选举？是直接选举还是间接选举？是等额选举还是差额选举？什么条件下选举才算当选？……这些都是实际操作中经常遇到的问题。

第一，关于选举程序。有关规定是这样的，《全民所有制工业企业职工代表大会条例》第十一条规定:"职工代表的产生,应以班组或工段为单位,由职工直接选举。大型企业的职工代表,也可以由分厂或者车间的职工代表相互推选产生。"《企业民主管理规定》第二十四条规定:"职工代表应当以班组、工段、车间、科室等为基本选举单位由职工直接选举产生。规模较大、管理层次较多的企业的职工代表,可以由下一级职工代表大会代表选举产生。"第二十五条规定:"选举、罢免职工代表,应当召开选举单位全体职工会议,会议应有三分之二以上职工参加。选举、罢免职工代表的决定,应经全体职工的过半数通过方为有效。"《学校教职工代表大会规定》第十条第一款规定:"教职工代表大会代表以学院、系(所、年级)、室(组)等为单位,由教职工直接选举产生。"第十九条第一款规定:"教职工代表大会须有2/3以上教职工代表大会代表出席。"

根据这些规定,职工代表的选举程序如下:

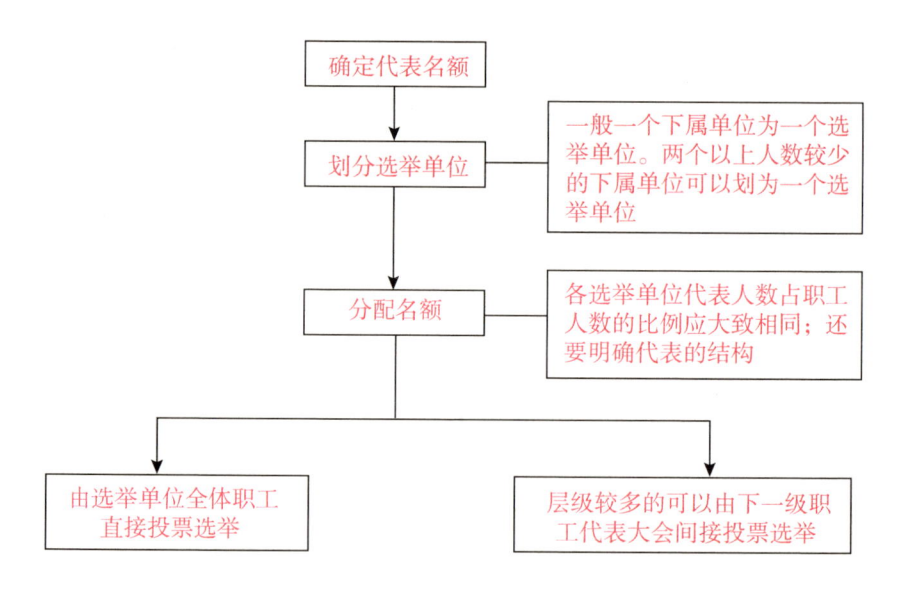

```
确定代表名额
     ↓
划分选举单位 —— 一般一个下属单位为一个选举单位。两个以上人数较少的下属单位可以划为一个选举单位
     ↓
分配名额 —— 各选举单位代表人数占职工人数的比例应大致相同;还要明确代表的结构
     ↓
由选举单位全体职工    层级较多的可以由下一级职
直接投票选举          工代表大会间接投票选举
```

第二,关于间接选举。层级较多的可以由下一级职工代表大会间接投票选举,所谓层级较多,一般指企事业单位在两个管理层级以上。如

果第二层级召开的也是职工代表大会,当选举第一层级职工代表时,可以由第二层级职工代表大会来间接选举,当然,也可以由第二层级的职工大会直接选举。管理层级三个以上的,依此类推。

第三,关于候选人差额。至于代表候选人是否差额选举,中央层面的有关规范性文件,目前没有对此作出明确规定。如果地方(行业)有明确规定的,从其规定;如没有规定的,可以等额,也可以差额,这一点可以由各企事业单位在本单位职工代表选举办法(细则)中予以明确。

参考规定

1.《全民所有制工业企业职工代表大会条例》

第十一条 职工代表的产生,应当以班组或者工段为单位,由职工直接选举。大型企业的职工代表,也可以由分厂或者车间的职工代表相互推选产生。

2.《企业民主管理规定》

第二十四条 职工代表应当以班组、工段、车间、科室等为基本选举单位由职工直接选举产生。规模较大、管理层次较多的企业的职工代表,可以由下一级职工代表大会代表选举产生。

第二十五条 选举、罢免职工代表,应当召开选举单位全体职工会议,会议应有三分之二以上职工参加。选举、罢免职工代表的决定,应经全体职工的过半数通过方为有效。

3.《学校教职工代表大会规定》

第十条 教职工代表大会代表以学院、系(所、年级)、室(组)等为单位,由教职工直接选举产生。

教职工代表大会代表可以按照选举单位组成代表团(组),并推选出团(组)长。

4.《中华全国总工会办公厅关于规范召开企业职工代表大会的意见》

六、企业应当根据职工人数和生产（行政）单位设置状况确定职工代表总数、划分选区、分配名额，进行职工代表的选举。职工代表人数应当按照企业全体职工人数的一定比例确定，具体比例和人数应当按照本企业职代会实施办法（细则）确定，或由企业与工会协商确定，但最少不得低于三十人。企业职工人数在五十人以下的，应当召开职工大会。

十、选举（撤换）职工代表，必须有选区全体职工三分之二以上参加，得到选区全体职工总数二分之一以上同意票者方可当选（撤换）。

管理层级较多的企业，参加上一级职工代表的职工代表可以在下一级职代会职工代表选举产生，也可以由全体职工直接选举产生。

十三、职工代表在任期内跨选区工作岗位变动或企业与其终止、解除劳动关系，其代表资格自行终止，缺额应当由原选举单位按照规定补选。

17. 选举职工代表应注意哪些关键问题？

选举职工代表是广大职工最广泛最直接行使民主权利的一种形式，是一项政治性、政策性、敏感性、操作性很强的工作。但实际工作中经常遇到各种各样的问题，有些属于对有关规定不了解，有些属于对规定的误读误解。因此，这里特别提醒，应注意以下关键问题：

（1）依照现有规定，选举职工代表只能由本单位工会负责组织实施，而不能由其他部门或机构来负责。如果本单位没有工会，应在上级工会指导下组织选举。

（2）职工代表只能以无记名投票方式选举产生，而不能以举手表决方式产生，更不能以"不同意的请举手"来产生。任何人或部门不能指定代表，也不存在不经选举的当然代表。

（3）由下一级职工代表大会间接选举上一级职工代表时，候选人可以是本级职工代表，也可以不是本级职工代表。不能想当然地认为，只有本级职工代表才能当选上一级职工代表。

（4）单位领导人员（不属于职工的除外）作为职工代表候选人时，应分配到某一选举单位进行投票选举。

（5）职工代表可以等额选举，也可以差额选举，差额人数没有限制性规定。当然，本单位可以自行作出规定。

（6）参加会议的人数为选举单位应参会职工或职工代表的三分之二以上，选举方为有效。

（7）得赞成票为选举单位应参会职工或职工代表过半数同意的，方能当选。过半数同意的人数超过分配名额的，得赞成票多的当选。如遇得赞成票相同，无法确定谁能当选的，应就得赞成票相同的候选人再次投票。

（8）当选代表经上一级职工代表大会代表资格审查委员会审查通过的，当选有效。

（9）下一级选举的职工代表人数不能超出分配名额，而且必须符合分配名额的结构要求。

（10）对当选的职工代表应当公示，接受职工群众监督。

参考规定

1.《企业民主管理规定》

第二十五条　选举、罢免职工代表，应当召开选举单位全体职工会议，会议应有三分之二以上职工参加。选举、罢免职工代表的决定，应经全体职工的过半数通过方为有效。

第二十六条 职工代表实行常任制,职工代表任期与职工代表大会届期一致,可以连选连任。

职工代表出现缺额时,原选举单位应按规定的条件和程序及时补选。

2.《中华全国总工会办公厅关于规范召开企业职工代表大会的意见》

八、各选区按照分配名额,由工会负责组织职工直接选举职工代表。

九、企业领导(高级管理)人员应当在相应的选区,参加职工代表的选举。

十、选举(撤换)职工代表,必须有选区全体职工三分之二以上参加,得到选区全体职工总数二分之一以上同意票者方可当选(撤换)。

管理层级较多的企业,参加上一级职工代表的职工代表可以在下一级职工代会职工代表选举产生,也可以由全体职工直接选举产生。

十二、职工代表实行常任制,任期与职代会届期相同,可以连选连任。

十五、工会应当按照企业职代会实施办法(细则)制定职工代表选举方案;负责对职工代表条件、产生程序、人员构成比例等进行审核,并将职工代表名单进行公示,接受职工监督。

18. 罢免、补选职工代表应注意哪些关键环节?

职工代表实行常任制,职工代表的任期与职工代表大会的届期一致,可以连选连任。

但职工代表不是"终身制",可以被罢免。比如,《全民所有制工业企业职工代表大会条例》第十三条第二款规定:"职工代表对选举单位的职工负责。选举单位的职工有权监督或撤换本单位的职工代表。"还有间接规定，《企业民主管理规定》第二十五条规定："选举、罢免职工代表，应当召开选举单位全体职工会议，会议应有三分之二以上职工参加。选举、罢免职工代表的决定，应经全体职工的过半数通过方为有效。"《学校教职工代表大会规定》第十二条第二款规定："选举、更换和撤换教职工代表大会代表的程序，由学校根据相关规定，并结合本校实际予以明确规定。"《中华全国总工会办公厅关于规范召开企业职工代表大会的意见》第十项规定，"选举（撤换）职工代表，必须有选区全体职工三分之二以上参加，得到选区全体职工总数二分之一以上同意票者方可当选（撤换）。"

至于哪些情形下可以罢免职工代表，目前的规范性文件中难以找到明确规定，这是一个缺憾。2007年7月22日印发的《国资委党委 国资委关于建立和完善中央企业职工代表大会制度的指导意见》中明确，"职工代表在受到纪检监察、公安、司法机关审查期间，其代表资格暂时中止。各选区有权对触犯法律、受到行政或党纪处分及有其他不称职行为的职工代表提出罢免申请，罢免的民主程序由各企业职代会或工会确定并履行。"这里列举了三种情形：触犯法律；受到行政或党纪处分；有不称职行为。虽然表述不够详尽，但不乏积极意义。

笔者以为，职工代表之所以被罢免，说明职工代表本人存在过错或严重过失，借鉴我国劳动法律制度的相关规定，各企事业单位可以在本单位职工代表大会实施办法（细则）中予以明确。一般来说，职工代表被罢免的情形应当包括以下主要情形：不履行职工代表职责的；严重违反劳动纪律或单位规章制度，对单位利益造成严重损害的；被依法追究刑事责任的；其他需要罢免的情形等。

如职工代表出现缺额的，可以补选。导致缺额的情况如下：

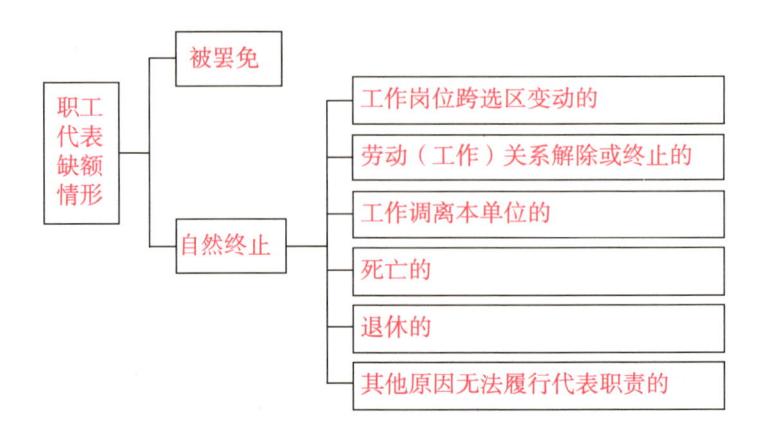

```
职工代表缺额情形
├── 被罢免
└── 自然终止
    ├── 工作岗位跨选区变动的
    ├── 劳动（工作）关系解除或终止的
    ├── 工作调离本单位的
    ├── 死亡的
    ├── 退休的
    └── 其他原因无法履行代表职责的
```

罢免、补选职工代表时应注意以下关键环节：

（1）罢免、补选的主体是原选举单位职工大会或职工代表大会，上级任何组织、部门和个人无权罢免、补选职工代表。

（2）应召开原选举单位职工大会或职工代表大会，参会人数为应参会职工或职工代表的三分之二以上，会议方为有效。

（3）罢免职工代表时，应由原选举单位投票表决，同意罢免的选票为原选举单位应参会职工或职工代表过半数的，罢免有效。罢免情况应报上一级职工代表大会或工会备案。

（4）补选职工代表时，应由原选举单位投票表决，得赞成票为原选举单位应参会职工或职工代表过半数的，方能当选。补选代表的身份应与缺额代表的身份一致。补选的职工代表经上一级职工代表大会代表资格审查委员会审查通过的，补选有效。

（5）罢免、补选的职工代表应当公示，接受职工监督。

▶ 参考规定

1.《企业民主管理规定》

第二十三条第二款　依法终止或者解除劳动关系的职工代表，其代表资格自行终止。

第二十五条　选举、罢免职工代表，应当召开选举单位全体职工会议，会议应有三分之二以上职工参加。选举、罢免职工代表的决定，应经全体职工的过半数通过方为有效。

第二十六条　职工代表实行常任制，职工代表任期与职工代表大会届期一致，可以连选连任。

职工代表出现缺额时，原选举单位应按规定的条件和程序及时补选。

2. 《学校教职工代表大会规定》

第十二条　教职工代表大会代表实行任期制，任期3年或5年，可以连选连任。

选举、更换和撤换教职工代表大会代表的程序，由学校根据相关规定，并结合本校实际予以明确规定。

3. 《中华全国总工会办公厅关于规范召开企业职工代表大会的意见》

十、选举（撤换）职工代表，必须有选区全体职工三分之二以上参加，得到选区全体职工总数二分之一以上同意票者方可当选（撤换）。

管理层级较多的企业，参加上一级职工代表的职工代表可以在下一级职工代会职工代表选举产生，也可以由全体职工直接选举产生。

十三、职工代表在任期内跨选区工作岗位变动或企业与其终止、解除劳动关系，其代表资格自行终止，缺额应当由原选举单位按照规定补选。

19. 职工代表享有哪些权利？

职工代表是一种职务，为保证职工代表履行职责，应赋予职工代表一定的权利。综合《全民所有制工业企业职工代表大会条例》《企业民主管理规定》《学校教职工代表大会规定》《国资委党委 国资委关于建立和完善中央企业职工代表大会制度的指导意见》等规定，职工代表主要享有以下权利：

（1）选举权、被选举权和表决权；

（2）参加职工代表大会及其工作机构组织开展的民主管理活动；

（3）对本单位领导人员进行评议和质询；

（4）在职工代表大会闭会期间对本单位执行落实职工代表大会决议情况进行监督、检查；

（5）依法履行代表职责，受到阻挠和打击报复的，有权申诉和控告；

（6）职工代表在法定工作时间内依法参加职工代表大会及其组织的各项活动，单位应当正常支付劳动报酬，不得降低其工资和其他福利待遇，不得解除劳动合同。

▶ 参考规定

1.《工会法》

第五十三条　违反本法规定，有下列情形之一的，由县级以上人民政府责令改正，依法处理：

（一）妨碍工会组织职工通过职工代表大会和其他形式依法行使民主权利的；

（二）非法撤销、合并工会组织的；

（三）妨碍工会参加职工因工伤亡事故以及其他侵犯职工合法权益问题的调查处理的；

（四）无正当理由拒绝进行平等协商的。

2.《全民所有制工业企业职工代表大会条例》

第十四条　职工代表的权利：

一、在职工代表大会上，有选举权、被选举权和表决权；

二、有权参加职工代表大会及其工作机构对企业执行职工代表大会决议和提案落实情况的检查，有权参加对企业行政领导人员的质询；

三、因参加职工代表大会组织的各项活动而占用生产或者工作时间，有权按照正常出勤享受应得的待遇。

对职工代表行使民主权力，任何组织和个人不得压制、阻挠和打击报复。

3.《企业民主管理规定》

第二十八条　职工代表享有下列权利：

（一）选举权、被选举权和表决权；

（二）参加职工代表大会及其工作机构组织的民主管理活动；

（三）对企业领导人员进行评议和质询；

（四）在职工代表大会闭会期间对企业执行职工代表大会决议情况进行监督、检查。

4.《学校教职工代表大会规定》

第十三条　教职工代表大会代表享有以下权利：

（一）在教职工代表大会上享有选举权、被选举权和表决权；

（二）在教职工代表大会上充分发表意见和建议；

（三）提出提案并对提案办理情况进行询问和监督；

（四）就学校工作向学校领导和学校有关机构反映教职工的意见和要求；

（五）因履行职责受到压制、阻挠或者打击报复时，向有关部门提出申诉和控告。

5.《国资委党委 国资委关于建立和完善中央企业职工代表大会制度的指导意见》

职工代表的权利。职工代表在职代会上有选举权、被选举权和表决权；有权参加职代会及其工作机构组织的各项活动；因参加职代会组织的有关活动而占用生产或工作时间，有权按照正常出勤享受应得的待遇；依法行使职权时，任何组织和个人不得压制、阻挠和打击报复。职工代表在劳动合同期间，除严重违反企业规章制度、因严重失职给企业利益造成重大损失外，企业不得与其解除劳动合同。确需解除劳动合同的，应当事先征求企业工会组织的意见。

20. 职工代表应履行哪些义务？

职工代表为谁负责，这本不是一个问题，但现实中似乎成了问题。相当一部分职工代表忘记了自己的身份，弄不清我是谁、代表谁、为了谁这一最基本最重要的问题。比如，有的职工代表把代表当"荣誉"，缺乏责任感，会前不征求职工意见、不撰写提案；会中不认真审议文件、忙于应酬拉关系；会后不宣传会议精神、不带头落实会议任务。有的职工代表错误地认为代表应为领导负责，见到领导握握手，领导讲话拍拍手，会议表决举举手，成为"三手"代表，忘记了自己的职责使命。

应当清醒认识到，职工代表是一种职务，而不是一种荣誉，应对选举单位的职工负责，并接受监督。《全民所有制工业企业职工代表大会条例》第十三条第二款规定："职工代表对选举单位的职工负责。选举单位的职工有权监督或者撤换本单位的职工代表。"《企业民主管理规定》第二十七条规定："职工代表向选举单位的职工负责并报告工作，接受选举单位职工的监督。"《学校教职工代表大会规定》第十一条第二款规定："教职工代表大会代表接受选举单位教职工的监督。"

有权必有责，有责必担当。综合《全民所有制工业企业职工代表大会条例》《企业民主管理规定》《学校教职工代表大会规定》《国资委党委 国资委关于建立和完善中央企业职工代表大会制度的指导意见》等有关规定，职工代表应当履行下列义务：

（1）努力学习党和国家的方针政策，不断提高政治觉悟、技术业务水平和参与民主管理工作的能力；

（2）遵守国家法律法规规章，遵守本单位各项规章制度，做好本职工作，发挥示范带头作用；

（3）密切联系职工群众，加强调查研究，广泛收集职工群众对本单位生产经营管理、改革发展稳定等方面的意见和建议，认真听取职工群众对涉及切身利益问题的意见和要求，并客观真实地向本单位反映；

（4）树立政治意识、大局意识，认真参加本单位职工代表大会组织的各项活动，执行职工代表大会通过的决议，完成职工代表大会交办的工作；

（5）认真履行职责，向选举单位的职工报告参加职工代表大会活动和履行职责情况，自觉接受职工的评议和监督；

（6）保守本单位的商业秘密和与知识产权相关的保密事项，不得损害本单位的合法权益。

参考规定

1.《全民所有制工业企业职工代表大会条例》

第十五条　职工代表的义务：

一、努力学习党和国家的方针、政策、法律、法规，不断提高政治觉悟、技术业务水平和参加管理的能力；

二、密切联系群众，代表职工合法利益，如实反映职工群众的意见和要求，认真执行职工代表大会的决议，做好职工代表大会交给的各项工作；

三、模范遵守国家的法律、法规和企业的规章制度、劳动纪律，做好本职工作。

2.《企业民主管理规定》

第二十九条　职工代表应当履行下列义务：

（一）遵守法律法规、企业规章制度，提高自身素质，积极参与企业民主管理；

（二）依法履行职工代表职责，听取职工对企业生产经营管理等方面的意见和建议，以及涉及职工切身利益问题的意见和要求，并客观真实地向企业反映；

（三）参加企业职工代表大会组织的各项活动，执行职工代表大会通过的决议，完成职工代表大会交办的工作；

（四）向选举单位的职工报告参加职工代表大会活动和履行职责情况，接受职工的评议和监督；

（五）保守企业的商业秘密和与知识产权相关的保密事项。

3. 《学校教职工代表大会规定》

第十四条　教职工代表大会代表应当履行以下义务：

（一）努力学习并认真执行党的路线方针政策、国家的法律法规、党和国家关于教育改革发展的方针政策，不断提高思想政治素质和参与民主管理的能力；

（二）积极参加教职工代表大会的活动，认真宣传、贯彻教职工代表大会决议，完成教职工代表大会交给的任务；

（三）办事公正，为人正派，密切联系教职工群众，如实反映群众的意见和要求；

（四）及时向本部门教职工通报参加教职工代表大会活动和履行职责的情况，接受评议监督；

（五）自觉遵守学校的规章制度和职业道德，提高业务水平，做好本职工作。

4. 《国资委党委 国资委关于建立和完善中央企业职工代表大会制度的指导意见》

职工代表的义务。职工代表应认真学习党和国家的方针政策、法律法规和现代企业管理知识，不断提高政治觉悟、技术业务素质和参与管理的能力；密切联系群众，代表职工合法权益，如实反映职工群众的意见和要求；模范遵守国家的法律法规和企业的规章制度，保守企业商业秘密，做好本职工作；认真执行职代会的决议，完成职代会交付的任务。

21. 什么是职工代表提案？

职工代表履行职责的一个重要方式就是撰写提案。职工代表提案，是职工代表向职工代表大会提交的，由职工代表大会讨论、决定或转交相关部门处理答复的书面意见和建议。这是职工代表行使民主权利、参与企事业单位管理的一种重要方式。

职工代表提案与一般性意见建议的区别在于：

（1）提案的内容是关于本单位发展和管理以及职工切身利益方面的重要问题，而不是解决个别人的具体问题，也不是针对某个领导成员的批评意见；

（2）提案具有一定的规范性，一般包括提案人、附议人、案题、案由、措施建议等内容；

（3）提案的处理要经过一定民主程序，一般包括审查、立案、分类、送交、办理、反馈、报告等。

有关重大问题的提案应形成职工代表大会议案，提交职工代表大会讨论、决定。

▶ 参考规定

1.《企业民主管理规定》

第二十二条　企业工会委员会是职工代表大会的工作机构，负责职工代表大会的日常工作，履行下列职责：

（二）征集职工代表提案，提出职工代表大会议题的建议；

（五）向职工代表大会报告职工代表大会决议的执行情况和职工代表大会提案的办理情况、厂务公开的实行情况等；

（六）在职工代表大会闭会期间，负责组织专门委员会（小组）和职工代表就企业职工代表大会决议的执行情况和职工代表大会提案的办理情况、厂务公开的实行情况等，开展巡视、检查、质询等监督活动；

2. 《学校教职工代表大会规定》

第七条 教职工代表大会的职权是：

（五）审议学校上一届（次）教职工代表大会提案的办理情况报告；

第十三条 教职工代表大会代表享有以下权利：

（三）提出提案并对提案办理情况进行询问和监督；

第二十六条 学校工会承担以下与教职工代表大会相关的工作职责：

（一）做好教职工代表大会的筹备工作和会务工作，组织选举教职工代表大会代表，征集和整理提案，提出会议议题、方案和主席团建议人选；

3. 《中华全国总工会办公厅关于规范召开企业职工代表大会的意见》

十六、确定召开职代会后，工会或职代会提案委员会应当通过职工代表向职工征集提案；经审查立案后提交职代会讨论。

二十二、召开职代会正式会议必须有全体职工代表的三分之二以上到会。

会议主持人必须向大会报告职工代表出席情况、职代会提案征集处理情况和上次职代会提案的落实情况。

22. 职工代表怎样撰写提案？

提案质量是衡量职工代表大会质量的一个重要标志，反映职工代表的责任意识，也体现职工代表的思想觉悟和能力水平。职工代表要撰写高质量的提案，不能闭门造车、凭空想象、应付差事，应扑下身子，深入调查研究，撰写有价值的提案，不辜负职工群众的信任。

第一，做好以下准备工作：

（1）认真阅读收到的有关文件，了解和掌握本次职工代表大会的中心议题事项；

（2）向选举单位的职工群众广泛征求意见，初步理清职工普遍关注的议题事项；

（3）对初步形成的关注议题事项，做更深入的调查论证，收集有关资料，注重以事实和数据说话；

（4）对有关资料进行归纳整理、分析研究，形成口头或书面的意见建议；

（5）认真填写提案表。

提案表的主要内容如下：

	内 容	备 注
1	提案代表的姓名、附议代表的姓名	
2	提案的名称	关于×××的提案
3	案由（描述事实）	回答是什么
4	理由（原因分析）	回答为什么
5	建议改进意见（提出具有可操作性的办法）	回答怎么办
6	提案委员会的意见	

第二，应注意以下具体事项：

（1）为提高提案的分量，体现所提议案是职工普遍关心的问题，提案可以由两人以上职工代表附议；

（2）提案应一事一案，聚焦议题，避免东拉西扯，几件事情混着说；

（3）提出提案时，无须行政领导批准，也无须加盖印章。

▶ 参考范例

关于修改我们研究院科技奖励制度的提案

提案人：王××

附议人：刘×× 李×× 张××

我们研究院是20世纪80年代初成立的，主要从事应用材料科学研究，当时会集了一批国内应用材料研究领域的权威专家。在20世纪八九十年代产生了一大批成果，仅获得省部级一等奖的科技成果就有30多项，获得国家科技进步二等奖10项、一等奖3项。而进入21世纪以来，我们研究院的科研成果呈逐年下降趋势，2010年以来，获省部级一等奖的成果只有5项，获国家科技进步二等奖的成果仅有1项。

经深入调查研究，近年来，我们研究院之所以科研成果不多，主要原因有三：一是市场经济观念不强，仍习惯于向政府要项目、等项目，缺乏向市场寻找项目的意识；二是老专家陆续退休，目前能够"挑大梁"的人才不多；三是人才流失严重，一些年轻科研人员纷纷"跳槽"。初步统计，2010年以来，45岁以下科研人员离开的就有25人，占科研人员总数的37%，其中一部分还是骨干力量。据个别走访了解，离开原因虽然不尽相同，但主要原因是：工资待遇低、科技奖励少，创新研发的积极性不高。

我们研究院的科技奖励制度是1985年制定的，一直沿用至今，已严重滞后形势的发展，特别是奖励标准明显偏低。比如，获市级以下成果奖的没有奖励；获省部级科技一等奖的才奖励5000元；获国家科技进步二等奖的才奖励1万元，远远低于同行业的普遍标准，无法发挥应有的激励引领作用。

人才是兴业之本。从我们研究院的长远发展着想，除提高科研人员工资水平，以待遇留住人才外，建议抓紧修订我们研究院的科技奖励制度，提高各个层级科研成果的奖励标准，至少不低于同行业的普遍标准，以调动科研人员的创新研发积极性。

××××年××月××日

23. 哪些人可以作为特邀代表、列席代表？

召开职工代表大会是单位政治生活的一件大事，广为职工关注，可邀请有关方面的人员参加大会，一般有特邀代表、列席代表。但关于特邀代表、列席代表的规定不多，由企事业单位自行决定。

特邀代表，一般包括三类人员：一是本单位原领导；二是曾经为本单位作出突出贡献的人员；三是获得特殊荣誉称号人员等。后两类人员可以是离退休人员或已到其他单位工作的人员，也可以是在职而未当选职工代表的人员。

列席代表，一般包括四类人员：上级主管部门、有关部门（组织）的领导或代表；未当选为职工代表的单位领导、有关部门负责人；相关职工群体的代表；民主党派代表等。

特邀代表仅限本次职代会有效；可不参加全部会议议程，具体参加哪个会议议程，由会议工作机构安排；征得大会工作机构同意，可以在大会或小组会议上发言；可以在职工代表大会上发表意见、提出建议；可参加专门委员会（小组）工作。

特邀代表不能当选为职工代表大会主席团成员，不参加主席团工作。

特别说明，关于选举权、被选举权和表决权问题，《学校教职工代表大会规定》第十九条规定,"特邀或列席代表在教职工代表大会上不具有选举权、被选举权和表决权"。而《水利系统企事业单位职工代表大会规定》第十条规定,"列席代表无表决权和选举权",但没有提到特邀代表。笔者以为,以上规定值得商榷,特邀代表、列席代表不享有选举权、表决权当然是没有问题的,但不享有被选举权似乎不够严谨。试想,如果某位特邀代表、列席代表是作为职工董事或职工监事候选人来参会的,不享有被选举权,怎么当选?

▶ 参考规定

1. 《学校教职工代表大会规定》

第十九条 教职工代表大会须有 2/3 以上教职工代表大会代表出席。

教职工代表大会根据需要可以邀请离退休教职工等非教职工代表大会代表,作为特邀或列席代表参加会议。特邀或列席代表在教职工代表大会上不具有选举权、被选举权和表决权。

2. 《中华全国总工会办公厅关于规范召开企业职工代表大会的意见》

十四、职代会可以设列席代表和特邀代表;可以组织职工旁听。

3. 《水利系统企事业单位职工代表大会规定》

第十条 职工代表大会可以根据需要设置列席代表。列席代表无表决权和选举权。

第三章　职工代表大会职权应关注的问题

> 职权，职工代表大会的关键问题，职权设定不仅具有很强的法律性、政策性，还体现一定时代性、实践性。因所有制性质、治理形式、单位功能的不同，企事业单位职工代表大会的职权设定也有所不同，而且随着时代的变化，职权还适时有所调整。有的规定比较原则，有的规定比较具体。为贴近实际，根据已有的规定，本部分主要就怎样理解职工代表职权，如何把握职工代表大会职权的定位，设定职工代表大会职权应注意哪些关键因素等迷惑问题，以及企业、国有企业和国有控股企业、城镇集体所有制企业、学校和水利系统企事业单位、区域（行业）职工代表大会的职权分别予以分析，以便读者精准理解和把握。

24. 怎样理解职工代表大会的职权？

职工代表大会职权的设定是一个非常复杂的问题，具有很强的理论性、法律性、政策性、实践性。因所有制性质不同、单位功能不同、治理形式不同、决定事项不同等原因，不同企事业单位职工代表大会的职权设定具有很大的区别。

所谓理论性，要考虑单位的性质，毕竟公有制企业、事业单位、非公有制企业性质不同，况且即使性质相同而治理形式和单位功能也不同。所以，职权设定不能"一刀切"，要充分考虑它们之间的差异。

所谓法律性，法律设定底线，各企事业单位应当遵守国家法律等有关规定，可以在法律授权的范围内设定职权，不能突破法律的禁止性规定，也不能违背法律的义务性规定。

所谓政策性，要贯彻落实党和国家的有关政策，党和国家的政策因时因势不断调整，对政策鼓励倡导的，要积极响应贯彻落实；对政策禁止限制的，要积极防止纠正。

所谓实践性，法律政策不可能穷尽一切，有的规定比较原则，贯彻落实国家法律法规规章及党和国家的有关政策，要把握精神，与实际相结合。比如，对授权性规定，要结合本单位的实际和职工的意愿，可以纳入职权范围。

党的政策文件把职工的民主权利概括为"知情权、参与权、表达权、监督权"。这"四权"属于高度概括，理解起来可能比较抽象。在职工代表大会的规范性文件中，关于职权的表述，常见的有："听取""审议""讨论""提出意见建议""协商决定""表决通过""选举通过""审议通过""监督检查"，等等。怎样具体划分职工代表大会职权呢？不同的人有不同的划分方法，但无论怎样划分，都存在一定的交叉问题，原因在于职权本身存在交叉关系。为方便读者理解，笔者大致划分为知情权、表达权、审议权、参与权、通过权、监督权。根据职工代表大会的性质，笔者把审议通过、表决通过、选举通过，以及罢免、解聘、聘任、决定等归入"通过权"中，当然这样划分也未必准确。

关于它们之间的关系，大致可以图示如下，只是给读者一个理解的思路，仅供参考。

研究所有的规定可以发现，这六项职权的逻辑关系大致是这样的：

职工代表大会最基本的权利是知情权、监督权，行使表达、审议、

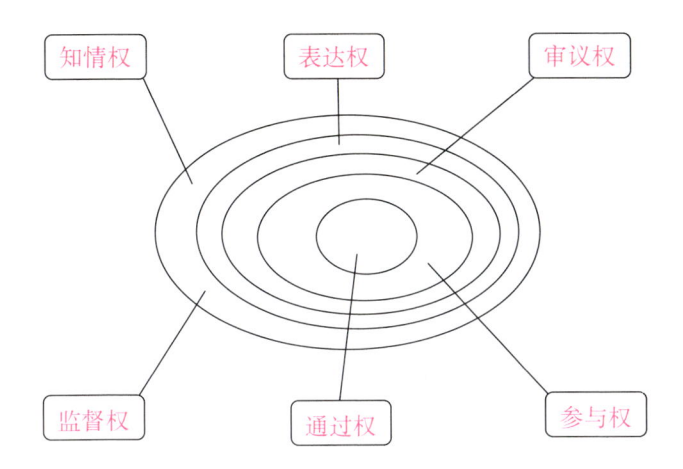

● 第三章 职工代表大会职权应关注的问题

```
        知情权      表达权      审议权




        监督权      通过权       参与权
```

参与、通过等职权时,前提是必须知情,对知情的事项都有权进行监督,所以,知情权、监督权范围最宽,涉及的事项最多。表达权,比知情权更进一步,可以提出意见建议,是否采纳由行政方面研究。审议权,比表达权又进一步,不是仅仅提出意见建议,还要深究有关问题,让行政方面予以回答或说明。参与权,比审议权又进一步,即行政单方面是不能决定、决策的,职工代表大会也要参与到决定、决策之中。通过权,比参与权又进一步,事项要由职工代表大会来通过,行政无权单方面作出决定、决策,通过权范围最小,涉及的事项最少。

▶ 参考规定

1.《工会法》

第六条第三款 工会依照法律规定通过职工代表大会或其他形式,组织职工参与本单位的民主决策、民主管理和民主监督。

第二十条 工会帮助、指导职工与企业以及实行企业化管理的事业单位签订劳动合同。

工会代表职工与企业以及实行企业化管理的事业单位进行平等协商,签订集体合同。集体合同草案应当提交职工代表大会或者全体职工讨论通过。

工会签订集体合同，上级工会应当给予支持和帮助。

企业违反集体合同，侵犯职工劳动权益的，工会可以依法要求企业承担责任；因履行集体合同发生争议，经协商解决不成的，工会可以向劳动争议仲裁机构提请仲裁，仲裁机构不予受理或者对仲裁裁决不服的，可以向人民法院提起诉讼。

2.《公司法》

第四十四条第二款　两个以上的国有企业或者两个以上的其他国有投资主体投资设立的有限责任公司，其董事会成员中应当有公司职工代表；其他有限责任公司董事会成员中可以有公司职工代表。董事会中的职工代表由公司职工通过职工代表大会、职工大会或者其他形式民主选举产生。

第五十一条第二款　监事会应当包括股东代表和适当比例的公司职工代表，其中职工代表的比例不得低于三分之一，具体比例由公司章程规定。监事会中的职工代表由公司职工通过职工代表大会、职工大会或者其他形式民主选举产生。

第一百零八条第二款　董事会成员中可以有公司职工代表。董事会中的职工代表由公司职工通过职工代表大会、职工大会或者其他形式民主选举产生。

第一百一十七条第二款　监事会应当包括股东代表和适当比例的公司职工代表，其中职工代表的比例不得低于三分之一，具体比例由公司章程规定。监事会中的职工代表由公司职工通过职工代表大会、职工大会或者其他形式民主选举产生。

3.《企业民主管理规定》

第三十四条　企业应当向职工公开下列事项：

（一）经营管理的基本情况；

（二）招用职工及签订劳动合同的情况；

（三）集体合同文本和劳动规章制度的内容；

（四）奖励处罚职工、单方解除劳动合同的情况以及裁员的方案和结果，评选劳动模范和优秀职工的条件、名额和结果；

（五）劳动安全卫生标准、安全事故发生情况及处理结果；

（六）社会保险以及企业年金的缴费情况；

（七）职工教育经费提取、使用和职工培训计划及执行的情况；

（八）劳动争议及处理结果情况；

（九）法律法规规定的其他事项。

第三十五条 国有企业、集体企业及其控股企业除公开第十三条、第十四条和第三十四条规定的相关事项外，还应当公开下列事项：

（一）投资和生产经营管理重大决策方案等重大事项，企业中长期发展规划；

（二）年度生产经营目标及完成情况，企业担保，大额资金使用、大额资产处置情况，工程建设项目的招投标，大宗物资采购供应，产品销售和盈亏情况，承包租赁合同履行情况，内部经济责任制落实情况，重要规章制度制定等重大事项；

（三）职工提薪晋级、工资奖金收入分配情况；专业技术职称的评聘情况；

（四）中层领导人员、重要岗位人员的选聘和任用情况，企业领导人员薪酬、职务消费和兼职情况，以及出国出境费用支出等廉洁自律规定执行情况，职工代表大会民主评议企业领导人员的结果；

（五）依照国家有关规定应当公开的其他事项。

25. 如何把握职工代表大会职权的定位？

定位至关重要，如果定位不准，就难以把握什么时候行使职权、怎样行使职权。前面已经分析，企事业单位是民事主体，实现自主经营自我管理，就必然要建立各个方面的规章制度，其中一个方面是职工代表大会制度。职工代表大会制度是由企事业单位行政建立的，单位行政是责任主体。企事业单位的各项经营管理活动是一个动态的过程，在这一过程的不同阶段，职工代表大会行使不同的职权。下面分步予以说明：

第一，企事业单位决定、决策事项的基本环节。企事业单位在对某个事项（制度、方案、措施、行动等，以下统称事项）作出决定、决策时的四个基本环节是：

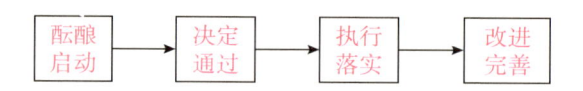

酝酿启动 → 决定通过 → 执行落实 → 改进完善

第二，企事业单位决定、决策事项的基本要求。企事业单位决定、决策的事项应符合四个方面的基本要求：

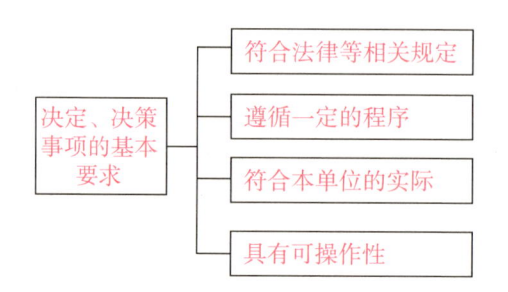

决定、决策事项的基本要求：
- 符合法律等相关规定
- 遵循一定的程序
- 符合本单位的实际
- 具有可操作性

第三，企事业单位决定、决策事项与职工权益的关系。企事业单位决定、决策的事项很多，有的与职工权益有关系，有的没多大关系，与职工关系大致分四种情况：

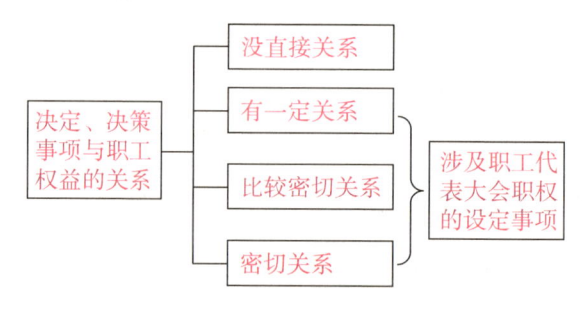

决定、决策事项与职工权益的关系：
- 没直接关系
- 有一定关系 ┐
- 比较密切关系 ├ 涉及职工代表大会职权的设定事项
- 密切关系 ┘

职工代表大会职权应设定在与职工权益有一定关系、比较密切关系、密切关系的事项上。

第四，职工代表大会职权设定所处的大致环节。与职工权益有关系的事项有一个决定、执行的过程，职工代表大会职权的设定大致处于事项决定、决策之前，事项执行落实之中，事项执行落实之后三个环节：

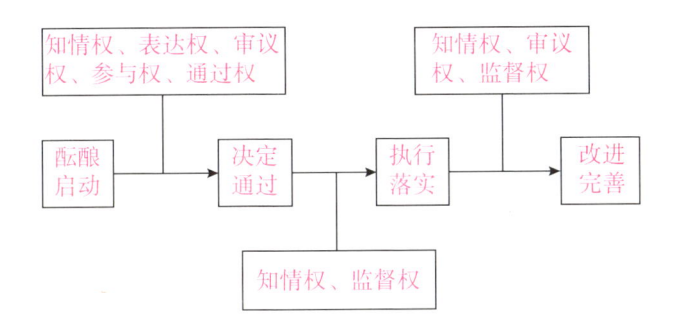

```
                知情权、表达权、审议          知情权、审议
                权、参与权、通过权            权、监督权

      酝酿      →    决定      →    执行      →    改进
      启动           通过           落实           完善

                           知情权、监督权
```

与职工权益有一定关系的事项，行政方面要向职工代表大会报告计划或执行情况，职工代表大会一般行使知情权、表达权。与职工权益比较密切或密切事项，酝酿启动之后，行政方面要调研论证、征求意见，形成的方案要提交职工代表大会，这时，职工代表大会行使知情权、表达权、审议权、参与权，与职工权益密切的事项行使通过权。事项作出决定、决策之后，职工代表大会有权知道决定、决策结果，并监督执行落实，这时行使的是知情权、监督权。在事项执行落实过程中，职工代表大会有权知道进展情况、落实结果，对执行落实的情况报告进行审议，提出意见建议，这时行使的是知情权、审议权、监督权。

▶ 参考规定

1.《全民所有制工业企业法》

第二条　全民所有制工业企业（以下简称企业）是依法自主经营、自负盈亏、独立核算的社会主义商品生产和经营单位。

企业的财产属于全民所有，国家依照所有权和经营权分离的原则授予企业经营管理。企业对国家授予其经营管理的财产享有占有、使用和依法处分的权利。

企业依法取得法人资格，以国家授予其经营管理的财产承担民事责任。

第五条　企业必须遵守法律、法规，坚持社会主义方向。

第七条　企业实行厂长（经理）负责制。

厂长依法行使职权，受法律保护。

第八条　中国共产党在企业中的基层组织，对党和国家的方针、政策在本企业的贯彻执行实行保证监督。

第九条　国家保障职工的主人翁地位，职工的合法权益受法律保护。

第十条　企业通过职工代表大会和其他形式，实行民主管理。

第五十三条　职工代表大会应当支持厂长依法行使职权，教育职工履行本法规定的义务。

2.《城镇集体所有制企业条例》

第二十一条　集体企业在国家法律、法规的规定范围内享有下列权利：

（一）对其全部财产享有占有、使用、收益和处分的权利，拒绝任何形式的平调；

（二）自主安排生产、经营、服务活动；

（三）除国家规定由物价部门和有关主管部门控制价格的以外，企业有权自行确定产品价格、劳务价格；

（四）企业有权依照国家规定与外商谈判并签订合同，提取和使用分成的外汇收入；

（五）依照国家信贷政策的规定向有关专业银行申请贷款；

（六）依照国家规定确定适合本企业情况的经济责任制形式、工资形式和奖金、分红办法；

（七）享受国家政策规定的各种优惠待遇；

（八）吸收职工和其他企业、事业单位、个人集资入股，与其他企业、事业单位联营，向其他企业、事业单位投资，持有其他企业的股份；

（九）按照国家规定决定本企业的机构设置、人员编制、劳动组织形式和用工办法，录用和辞退职工；

（十）奖惩职工。

3.《国资委党委 国资委关于建立和完善中央企业职工代表大会制度的指导意见》

六、职代会与公司治理结构的关系

建立规范法人治理结构的企业，依照公司法，董事会行使经营决策权，经理层行使经营管理权，监事会行使监督权，职代会行使职工民主管理权。

（一）正确定位职代会职权。

董事会依照公司法，对企业经营计划、投资方案等重要事项行使决策权，职代会对企业重要事项行使审议建议权。董事会、经理层在制订涉及职工切身利益的有关方案时，要充分听取职代会的意见，职代会对涉及职工切身利益的重大事项有审议通过权。董事会、经理层行使企业人员聘用权，职代会对企业经营班子成员行使评议监督权。

26. 设定职工代表大会职权应考虑哪些关键因素？

根据上述图表和分析可知，职工代表大会职权涉及的因素比较多，必须准确把握职权定位，精准理解职权含义。设定职工代表大会职权应考虑五个关键因素：

（1）企事业单位是决定、决策事项的主体，这是企事业单位自主经营管理的权利，受到国家法律保护，应得到尊重和支持。前面已经阐明，职工代表大会是职工参与企事业单位民主管理的基本形式，是职工行使民主权力的机构，而不是代替企事业单位行政作出决定、决策。这一点必须明确，否则就有可能"越界"，侵犯企事业单位的经营管理自主权。

（2）与职工权益没有直接关系的事项，企事业单位行政可自主决定、决策，但不得违反国家法律法规规章及政策的禁止性规定。比如，董事会决策制度、经理会议制度、生产调度制度、质量控制制度、商业秘密和知识产权保密制度、仓库管理制度，等等。

（3）与职工权益有关系的事项，企事业单位在作出决定、决策，或执行、落实有关决定决议过程中，应遵循一定的民主程序，发挥职工代表大会的作用。事项决定、通过之前，职工代表大会主要行使知情权、审议权、参与权、表达权、通过权；事项落实、执行过程中，主要行使知情权、监督权；事项落实、执行之后，主要行使知情权、审议权、监督权。

（4）职工代表大会职权的"大""小"取决于该事项与职工权益的密切程度。以国有企业和国有控股企业为例，根据《企业民主管理规定》第十四条的规定，对企业投资和重大技术改造、财务预决算、企业业务招待费使用等情况的报告，专业技术职称的评聘、企业公积金的使用、企业的改制等方案，职工代表大会只是听取和审议，并提出意见和建议，行使的是知情权、审议权、表达权。而企业合并、分立、改制、解散、破产实施方案中职工的裁减、分流和安置方案，应经职工代表大会审议通过，行使的是审议权、通过权。前者与职工权益有一定关系，后者与职工权益关系密切。

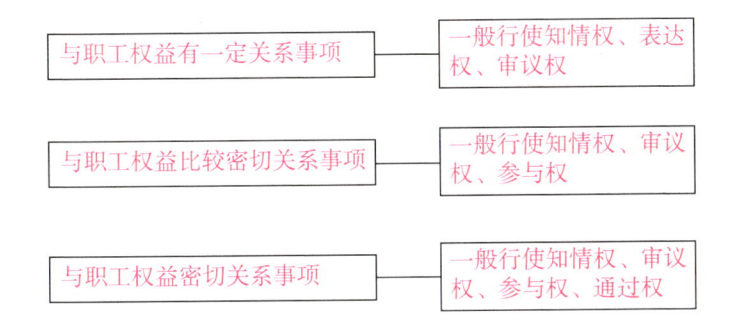

与职工权益有一定关系事项	→	一般行使知情权、表达权、审议权
与职工权益比较密切关系事项	→	一般行使知情权、审议权、参与权
与职工权益密切关系事项	→	一般行使知情权、审议权、参与权、通过权

（5）同样事项在不同单位职工代表大会职权的"大""小"与单位性质、功能密切相关。以企事业单位章程为例，《全民所有制工业企业法》《全民所有制工业企业职工代表大会条例》《企业民主管理规定》都没有列入职工代表大会职权，也就是说，制定、修改企业章程与职工代表大会职权无关。而城镇集体所有制企业则大不相同，根据《城镇集体所有制企业条例》第二十八条的规定，"制定、修改集体企业章程"是职工（代表）大会的第一项职权。这里，城镇集体所有制企业职工代表大会行使参与权、通过权。对学校来说，情况又有不同，根据《学校教职工代表大会规定》第七条的规定，"听取学校章程草案的制定和修订情况报告，提出修改意见和建议"是教职工代表大会的第一项职权。这里，教职工代表大会行使的知情权、表达权。

参考规定

1.《全民所有制工业企业职工代表大会条例》

第五条　职工代表大会应当积极支持厂长行使经营管理决策和统一指挥生产活动的职权。

第十九条　职工代表大会应当围绕增强企业活力、促进技术进步、提高经济效益，针对企业经营管理、分配制度和职工生活等方面的重要问题确定议题。

第二十条　职工代表大会在其职权范围内决定的事项，非经职工代表大会同意不得修改。

2. 《城镇集体所有制企业条例》

第六条　集体企业依法取得法人资格，以其全部财产独立承担民事责任。

集体企业的财产及其合法权益受国家法律保护，不受侵犯。

第八条　集体企业的职工是企业的主人，依照法律、法规和集体企业章程行使管理企业的权力。集体企业职工的合法权益受法律保护。

第九条　集体企业依照法律规定实行民主管理。职工（代表）大会是集体企业的权力机构，由其选举和罢免企业管理人员，决定经营管理的重大问题。

集体企业实行厂长（经理）负责制。

集体企业职工的民主管理权和厂长（经理）依法行使职权，均受法律保护。

第十条　中国共产党在集体企业的基层组织是集体企业的政治领导核心，领导企业的思想政治工作，保证监督党和国家的方针、政策在本企业的贯彻执行。

第十一条　集体企业的工会维护职工的合法权益，依法独立自主地开展工作，组织职工参加民主管理和民主监督。

第二十五条　职工依照法律、法规的规定，在集体企业内享有下列权利：

（一）企业各级管理职务的选举权和被选举权；

（二）参加企业民主管理，监督企业各项活动和管理人员的工作；

（三）参加劳动并享受劳动报酬、劳动保护、劳动保险、医疗保健和休息、休假的权利；

（四）接受职业技术教育和培训，按照国家规定评定业务技术职称；

（五）辞职；

（六）享受退休养老待遇；

（七）其他权利。

第二十六条　职工应当履行下列义务：

（一）遵守国家的法律、法规和集体企业的规章制度、劳动纪律，以企业主人的态度从事劳动，做好本职工作；

（二）执行职工（代表）大会决议，完成任务；

（三）维护企业的集体利益；

（四）努力学习政治、文化和科技知识，不断提高自身素质；

（五）法律、法规和企业章程规定的其他义务。

3.《企业民主管理规定》

第四条　企业职工应当尊重和支持企业依法行使管理职权，积极参与企业管理。

第二十一条　职工代表大会在其职权范围内依法审议通过的决议和事项具有约束力，非经职工代表大会同意不得变更或撤销。

企业应当提请职工代表大会审议、通过、决定的事项，未按照法定程序审议、通过或者决定的无效。

4.《学校教职工代表大会规定》

第五条　教职工代表大会和教职工代表大会代表应当遵守国家法律法规，遵守学校规章制度，正确处理国家、学校、集体和教职工的利益关系。

第六条　教职工代表大会在中国共产党学校基层组织的领导下开展工作。教职工代表大会的组织原则是民主集中制。

第二十条　教职工代表大会的议题，应当根据学校的中心工作、教职工的普遍要求，由学校工会提交学校研究确定，并提请教职工代表大会表决通过。

27. 企业职工代表大会普遍具有哪些职权？

所谓企业，一般是指以盈利为目的，运用土地、劳动力、资本、技术等各种生产要素，向市场提供商品或服务，实行自主经营、自负盈亏、自我发展、自我约束的法人或其他社会经济组织。

按所有制性质划分，包括：国有、集体、私营、外商投资、港澳台投资和混合所有制企业等。

按治理形式划分，包括：独资企业、合伙企业、合作制企业、有限责任公司、股份有限公司等。

按是否具备法人资格划分，包括：法人企业和非法人企业，集团公司及其下属子公司、分公司，还有企业下属的具有劳动用工权的分支机构都属于企业的范畴。

除城镇集体所有制企业另有规定外，这里，我们首先讨论一般企业职工代表大会普遍适用的职权问题。2012年中央纪律检查委员会、中央组织部、国资委、监察部、全国总工会、全国工商联合制定的《企业民主管理规定》，除城镇集体所有制企业外，具有普遍适用性。其中，第十三条规定，职工代表大会行使下列职权：

（一）听取企业主要负责人关于企业发展规划、年度生产经营管理情况，企业改革和制定重要规章制度情况，企业用工、劳动合同和集体合同签订履行情况，企业安全生产情况，企业缴纳社会保险费和住房公积金情况等报告，提出意见和建议；

审议企业制定、修改或者决定的有关劳动报酬、工作时间、休息休假、劳动安全卫生、保险福利、职工培训、劳动纪律以及劳动定额管理等直接涉及劳动者切身利益的规章制度或者重大事项方案，提出意见和建议；

（二）审议通过集体合同草案，按照国家有关规定提取的职工福利基金使用方案、住房公积金和社会保险费缴纳比例和时间的调整方案，劳动模范的推荐人选等重大事项；

（三）选举或者罢免职工董事、职工监事，选举依法进入破产程序企业的债权人会议和债权人委员会中的职工代表，根据授权推荐或者选举企业经营管理人员；

（四）审查监督企业执行劳动法律法规和劳动规章制度情况，民主评议企业领导人员，并提出奖惩建议；

（五）法律法规规定的其他职权。

第（一）项第一部分属于知情权、表达权。企业发展规划、年度生产经营管理情况，企业改革和制定重要规章制度情况，企业用工、劳动合同和集体合同签订履行情况，企业安全生产情况，企业缴纳社会保险费和住房公积金情况等报告，应向职工代表大会报告，听取意见和建议。第二部分属于审议权、参与权。企业制定、修改或决定直接涉及劳动者切身利益的规章制度或者重大事项方案，应让职工代表参与讨论，根据意见建议进行修改完善。

第（二）项属于审议权、通过权。集体合同草案、职工福利基金使用方案、住房公积金和社会保险费缴纳比例和时间的调整方案，劳动模范的推荐人选等，应经过职工代表大会审议，经举手表决或投票表决通过的，方为有效。

第（三）项属于通过权。职工董事、职工监事，债权人会议和债权人委员会中的职工代表，根据授权需要决定的企业经营管理人员，应经职工代表大会投票决定。

第（四）项属于监督权、表达权。对企业执行劳动法律法规和劳动规章制度情况进行监督，提出整改意见；对企业领导人员进行民主评议，提出奖励、惩罚的意见建议。

第（五）项属于指引性规定。即除前四项外，法律法规另有关于职工代表大会职权规定的，也应纳入其中。比如，《乡村集体所有制企业条例》第二十六条第二款规定："企业职工大会或职工代表大会有权对企业经营管理中的问题提出意见和建议，评议、监督厂长（经理）和其他管理人员，维护职工的合法权益。"

▶ 参考规定

1.《劳动法》

第四条　用人单位应当依法建立和完善规章制度，保障劳动者享有劳动权利和履行劳动义务。

2.《劳动合同法》

第四条　用人单位应当依法建立和完善劳动规章制度，保障劳动者享有劳动权利、履行劳动义务。

用人单位在制定、修改或者决定有关劳动报酬、工作时间、休息休假、劳动安全卫生、保险福利、职工培训、劳动纪律以及劳动定额管理等直接涉及劳动者切身利益的规章制度或者重大事项时，应当经职工代表大会或者全体职工讨论，提出方案和意见，与工会或者职工代表平等协商确定。

在规章制度和重大事项决定实施过程中，工会或者职工认为不适当的，有权向用人单位提出，通过协商予以修改完善。

用人单位应当将直接涉及劳动者切身利益的规章制度和重大事项决定公示，或者告知劳动者。

3.《最高人民法院关于审理劳动争议案件适用法律若干问题的解释》

第十九条　用人单位根据《劳动法》第四条之规定，通过民主程序制定的规章制度，不违反国家法律、行政法规及政策规定，并已向劳动者公示的，可以作为人民法院审理劳动争议案件的依据。

4.《劳务派遣暂行规定》

第三条第三款　用工单位决定使用被派遣劳动者的辅助性岗位，应当经职工代表大会或者全体职工讨论，提出方案和意见，与工会或者职工代表平等协商确定，并在用工单位内公示。

5.《水利系统企事业单位职工代表大会规定》

第八条　职工代表大会依法行使审议建议、审议通过、审查监督、民主选举、民主评议等职权。

（一）听取和审议本单位负责人关于单位发展规划、年度生产经营管理、单位重大改革和制定重要规章制度等情况，单位投资和重大技术改造、财务预决算以及社会保险费、住房公积金交缴，职工教育培训经费提取、使用等涉及职工利益项目情况，提出意见和建议；

（二）审议通过岗位管理、薪酬管理、人员聘用、企业改制等重大事项、方案以及工作时间、休息休假、劳动安全卫生、生活福利、职工培训、劳动纪律等涉及职工切身利益的规章制度、办法等；

（三）审议通过集体合同草案，职工福利基金的使用方案、企业年金方案、住房公积金和社会保险缴纳比例方案等；

（四）对集体合同履行情况进行监督检查，对职工参加社会保险及保险费缴纳情况进行监督；

（五）审议通过使用被派遣劳动者的辅助性岗位设置方案；

（六）审查监督职工代表提案办理情况，职工代表大会审议通过的重要事项落实情况；

（七）审查监督单位执行劳动法规和相关制度办法的情况，民主评议单位领导班子成员并提出奖惩建议，民主评议职工董事和职工监事；

（八）民主选举或者罢免职工董事、职工监事，推选劳动模范和先进工作者，根据授权推荐或者选举企事业单位经营管理人员；

（九）其他法律和行政法规规定的须经职工代表大会讨论、审议或者决定的事项。

28. 国有企业和国有控股企业职工代表大会具有哪些职权？

国有企业施行职工代表大会制度的历史比较长，有关规定相对较多。1986年国务院制定的《全民所有制工业企业职工代表大会条例》，1988年全国人大七届一次会议通过的《全民所有制工业企业法》，对职工代表大会职权都有明确规定。随着社会主义市场经济体制的建立，国有企业改革改制不断深化，治理形式发生了很大变化，有的规定已不适应当前的实际，这里主要依据2012年中央六部门印发的《企业民主管理规定》。依据《企业民主管理规定》第十四条的规定，除上一个问题列举的五项职权外，国有企业和国有控股企业职工代表大会还行使下列职权：

（一）听取和审议企业经营管理主要负责人关于企业投资和重大技术改造、财务预决算、企业业务招待费使用等情况的报告，专业技术职称的评聘、企业公积金的使用、企业的改制等方案，并提出意见和建议；

（二）审议通过企业合并、分立、改制、解散、破产实施方案中职工的裁减、分流和安置方案；

（三）依照法律、行政法规、行政规章规定的其他职权。

第（一）项属于知情权、表达权、审议权。职工代表大会有权听取企业投资和重大技术改造、财务预决算、企业业务招待费使用等情况的报告，并进行审议；对专业技术职称的评聘、企业公积金的使用、企业的改制等方案，有权进行讨论，提出意见和建议。

第（二）项属于知情权、审议权、通过权。企业合并、分立、改制、解散、破产直接涉及职工切身利益，对职工的裁减、分流和安置方案，职工代表大会有权进行审议，提出修改意见和建议，方案经表决通过后，方能实施。

第（三）项属于指引性规定。即除前两项和上一个问题列举的五项职权外，法律法规规章另有适用国有企业和国有控股企业职工代表大会职权规定的，也应纳入其中。比如，《关于国有企业实行业务招待费使用情况等重要事项向职代会报告制度的规定》第二条规定："国有企业领导人员应当向职代会报告下列重要事项：（一）业务招待费使用情况；（二）个人廉洁自律情况；（三）与职工切身利益直接有关的事项。"还有一些规定，收集于下面的参考规定中。

▶ 参考规定

1.《全民所有制工业企业法》

第五十一条　职工代表大会行使下列职权：

（一）听取和审议厂长关于企业的经营方针、长远规划、年度计划、基本建设方案、重大技术改造方案、职工培训计划、留用资金分配和使用方案、承包和租赁经营责任制方案的报告，提出意见和建议。

（二）审查同意或者否决企业的工资调整方案、奖金分配方案、劳动保护措施、奖惩办法以及其他重要的规章制度。

（三）审议决定职工福利基金使用方案、职工住宅分配方案和其他有关职工生活福利的重大事项。

（四）评议、监督企业各级行政领导干部，提出奖惩和任免的建议。

（五）根据政府主管部门的决定选举厂长，报政府主管部门批准。

2.《企业国有资产法》

第三十七条　国家出资企业的合并、分立、改制、解散、申请破产等重大事项，应当听取企业工会的意见，并通过职工代表大会或者其他形式听取职工的意见和建议。

第四十一条　企业改制应当制定改制方案，载明改制后的企业组织形式、企业资产和债权债务处理方案、股权变动方案、改制的操作程序、资产评估和财务审计等中介机构的选聘等事项。

企业改制涉及重新安置企业职工的，还应当制定职工安置方案，并经职工代表大会或者职工大会审议通过。

3. 《公司法》

第六十七条　国有独资公司设董事会，依照本法第四十六条、第六十六条的规定行使职权。董事每届任期不得超过三年。董事会成员中应当有公司职工代表。

董事会成员由国有资产监督管理机构委派；但是，董事会成员中的职工代表由公司职工代表大会选举产生。

董事会设董事长一人，可以设副董事长。董事长、副董事长由国有资产监督管理机构从董事会成员中指定。

第七十条第二款　监事会成员由国有资产监督管理机构委派；但是，监事会成员中的职工代表由公司职工代表大会选举产生。监事会主席由国有资产监督管理机构从监事会成员中指定。

4. 《全民所有制工业企业职工代表大会条例》

第七条　职工代表大会行使下列职权：

一、定期听取厂长的工作报告，审议企业的经营方针、长远和年度计划、重大技术改造和技术引进计划、职工培训计划、财务预决算、自有资金分配和使用方案，提出意见和建议，并就上述方案的实施作出决议；

二、审议通过厂长提出的企业的经济责任制方案、工资调整计划、奖金分配方案、劳动保护措施方案、奖惩办法及其他重要的规章制度；

三、审议决定职工福利基金使用方案、职工住宅分配方案和其他有关职工生活福利的重大事项；

四、评议、监督企业各级领导干部，并提出奖惩和任免的建议。

对工作卓有成绩的干部，可以建议给予奖励，包括晋级、提职。对不称职的干部，可以建议免职或降职。

对工作不负责任或者以权谋私，造成严重后果的干部，可以建议给予处分，直至撤职。

五、主管机关任命或者免除企业行政领导人员的职务时，必须充分考虑职工代表大会的意见。职工代表大会根据主管机关的部署，可以民主推荐厂长人选，也可以民主选举厂长，报主管机关审批。

5.《企业财务会计报告条例》

第三十五条 国有企业、国有控股的或者占主导地位的企业，应当至少每年一次向本企业的职工代表大会公布财务会计报告，并重点说明下列事项：

（一）反映与职工利益密切相关的信息，包括：管理费用的构成情况，企业管理人员工资、福利和职工工资、福利费用的发放、使用和结余情况，公益金的提取及使用情况，利润分配的情况以及其他与职工利益相关的信息；

（二）内部审计发现的问题及纠正情况；

（三）注册会计师审计的情况；

（四）国家审计机关发现的问题及纠正情况；

（五）重大的投资、融资和资产处置决策及其原因的说明；

（六）需要说明的其他重要事项。

6.《关于国有企业实行业务招待费使用情况向职代会报告制度的规定》

第四条 企业厂长（经理）应当每半年一次向职代会据实报告业务招待费使用情况，并由职代会向职工传达。

第五条 报告内容主要包括：业务招待费支出项目、金额，开支是否符合制度、使用是否合理、手续是否完备以及其他需要说明的情况。

7.《关于国有企业实行业务招待费使用情况等重要事项向职代会报告制度的规定》

第二条 国有企业领导人员应当向职代会报告下列重要事项：

（一）业务招待费使用情况；

（二）个人廉洁自律情况；

（三）与职工切身利益直接有关的事项。

第三条 业务招待费是指企业在生产经营过程中用于必要招待的各项费用。

报告业务招待费使用财政部应当包括：业务招待费全年核定额和实际支出额以及主要开支项目，开支是否符合制度、手续是否完备以及其他需要说明的情况。

第四条 报告个人廉洁自律情况应当包括：本人收入，住房、购房、装修住房，电话费开支，使用公车，出差出国（境）费用支出，购买本企业内部职工股以及为配偶、子女经商办企业提供便利条件等情况。

第五条 报告与职工切身利益直接有关的事项应当包括：企业兼并、出租、破产、拍卖、用工、裁员、职工下岗分流和再就业、工资分配、住房分配、保险福利、劳动保护等事项。

第六条 国有企业领导人员应当每年向职代会报告一次上述重要事项。需要及时向职代会报告的，在职代会闭会期间可以向职工代表团（组）长和专门小组负责人联席会议报告，由联席会议协商处理。

第八条 职代会可以根据需要成立审核小组，负责对报告的事项进行审核，并向职代会报告审核情况；职代会就当对报告的事项进行审议并提出意见，对企业裁员、工资、福利等涉及职工切身利益的事项依法作出决定。

8. 《企业国有资产交易监督管理办法》

第十条　转让方应当按照企业发展战略做好产权转让的可行性研究和方案论证。产权转让涉及职工安置事项的，安置方案应当经职工代表大会或职工大会审议通过；涉及债权债务处置事项的，应当符合国家相关法律法规的规定。

29. 城镇集体所有制企业职工代表大会具有哪些职权？

所谓城镇集体所有制企业，是指财产属于劳动群众集体所有、实行共同劳动、在分配方式上以按劳分配为主体的社会主义经济组织。

依据《城镇集体所有制企业条例》第四条的规定，劳动群众集体所有，应当符合下列其中一项的规定：（一）本集体企业的劳动群众集体所有；（二）集体企业的联合经济组织范围内的劳动群众集体所有；（三）投资主体为两个或者两个以上的集体企业，其中前（一）、（二）项劳动群众集体所有的财产应当占主导地位。本项所称主导地位，是指劳动群众集体所有的财产占企业全部财产的比例，一般情况下应不低于51%，特殊情况经过原审批部门批准，可以适当降低。

注意，依据《城镇集体所有制企业条例》第九条的规定，城镇集体所有制企业职工（代表）大会是集体企业的"权力机构"，这一定位有别于其他企事业单位。

城镇集体所有制企业职工代表大会行使下列职权：

（一）制定、修改集体企业章程；

（二）按照国家规定选举、罢免、聘用、解聘厂长（经理）、副厂长（副经理）；

（三）审议厂长（经理）提交的各项议案，决定企业经营管理的重大问题；

（四）审议并决定企业职工工资形式、工资调整方案、奖金和分红方案、职工住宅分配方案和其他有关职工生活福利的重大事项；

（五）审议并决定企业的职工奖惩办法和其他重要规章制度；

（六）法律、法规和企业章程规定的其他职权。

从上述规定看，第（一）项属于参与权、通过权。参与制定、修改集体企业章程，通过集体企业章程。

第（二）项属于审议权、通过权。通过投票的方式选举、罢免、聘用、解聘厂长（经理）、副厂长（副经理）。

第（三）项属于审议权、通过权。对厂长（经理）提交的各项议案进行审议，对企业经营管理的重大问题有权作出决定。

第（四）项属于审议权、通过权。职工工资形式、工资调整方案、奖金和分红方案、职工住宅分配方案和其他有关职工生活福利等重大事项，涉及职工切身利益，职工代表大会有权审议并作出决定。

第（五）项属于审议权、通过权。职工奖惩办法和其他重要规章制度与职工利益、工作密切相关，职工代表大会有权审议并作出决定。

第（六）项属于指引性规定。即除前五项外，法律法规另有适用城镇集体企业职工代表大会职权规定的，也应纳入其中。比如，城镇集体企业也属于用人单位，开展平等协商签订集体合同时，应遵守《工会法》第二十条的规定"集体合同草案应当提交职工代表大会或者全体职工讨论通过"。

▶ 参考规定

1. 《工会法》

第二十条　工会帮助、指导职工与企业以及实行企业化管理的事业单位签订劳动合同。

工会代表职工与企业以及实行企业化管理的事业单位进行平等协商，签订集体合同。集体合同草案应当提交职工代表大会或者全体职工讨论通过。

工会签订集体合同，上级工会应当给予支持和帮助。

企业违反集体合同，侵犯职工劳动权益的，工会可以依法要求企业承担责任；因履行集体合同发生争议，经协商解决不成的，工会可以向劳动争议仲裁机构提请仲裁，仲裁机构不予受理或者对仲裁裁决不服的，可以向人民法院提起诉讼。

第三十六条　集体企业的工会委员会，应当支持和组织职工参加民主管理和民主监督，维护职工选举和罢免管理人员、决定经营管理的重大问题的权力。

2. 《劳动合同法》

第五十一条　企业职工一方与用人单位通过平等协商，可以就劳动报酬、工作时间、休息休假、劳动安全卫生、保险福利等事项订立集体合同。集体合同草案应当提交职工代表大会或者全体职工讨论通过。

集体合同由工会代表企业职工一方与用人单位订立；尚未建立工会的用人单位，由上级工会指导劳动者推举的代表与用人单位订立。

3. 《城镇集体所有制企业条例》

第八条　集体企业的职工是企业的主人，依照法律、法规和集体企业章程行使管理企业的权力。集体企业职工的合法权益受法律保护。

第九条　集体企业依照法律规定实行民主管理。职工（代表）大会是集体企业的权力机构，由其选举和罢免企业管理人员，决定经营管理的重大问题。

集体企业实行厂长（经理）负责制。

集体企业职工的民主管理权和厂长（经理）依法行使职权，均受法律保护。

第三十一条 集体企业实行厂长（经理）负责制。厂长（经理）对企业职工（代表）大会负责，是集体企业的法定代表人。

第三十二条 厂长（经理）由企业职工代表大会选举或者招聘产生。选举和招聘的具体办法，由省、自治区、直辖市人民政府规定。

由集体企业联合经济组织投资开办的集体企业，其厂长（经理）可以由该联合经济组织任免。

投资主体多元化的集体企业，其中国家投资达到一定比例的，其厂长（经理）可以由上级管理机构按照国家有关规定任免。

第三十五条 厂长（经理）有下列职责：

（一）贯彻执行党和国家的方针、政策，遵守国家的法律、法规，执行职工（代表）大会的决议；

（二）组织职工完成企业生产经营任务和各项经济技术指标，推进企业技术进步，提高经济效益，增强企业发展能力；

（三）严格遵守财经纪律，坚持民主理财，定期向职工公布财务账目；

（四）保护企业的合法权益和职工在企业内的正当权利；

（五）办好职工生活福利和逐步开展职工养老、待业等保险；

（六）组织落实安全卫生措施，实现安全文明生产；

（七）定期向本企业职工（代表）大会报告工作，听取意见，并接受监督；

（八）法律、法规和企业章程规定的其他职责。

4.《企业年金办法》

第七条 建立企业年金，企业应当与职工一方通过集体协商确定，并制定企业年金方案。企业年金方案应当提交职工代表大会或者全体职工讨论通过。

第十一条 企业与职工一方可以根据本企业情况，按照国家政策规定，经协商一致，变更企业年金方案。变更后的企业年金方案应当经职工代表大会或者全体职工讨论通过，并重新报送人力资源社会保障行政部门。

30. 学校教职工代表大会具有哪些职权？

2011年教育部印发的《学校教职工代表大会规定》，属于特别规定，适用于中国境内公办的幼儿园和各级各类学校，民办学校、中外合作办学机构参照执行。这是学校召开教职工代表大会的主要依据。

依照《学校教职工代表大会规定》第七条的规定，教职工代表大会行使以下职权：

（一）听取学校章程草案的制定和修订情况报告，提出修改意见和建议；

（二）听取学校发展规划、教职工队伍建设、教育教学改革、校园建设以及其他重大改革和重大问题解决方案的报告，提出意见和建议；

（三）听取学校年度工作、财务工作、工会工作报告以及其他专项工作报告，提出意见和建议；

（四）讨论通过学校提出的与教职工利益直接相关的福利、校内分配实施方案以及相应的教职工聘任、考核、奖惩办法；

（五）审议学校上一届（次）教职工代表大会提案的办理情况报告；

（六）按照有关工作规定和安排评议学校领导干部；

（七）通过多种方式对学校工作提出意见和建议，监督学校章程、规章制度和决策的落实，提出整改意见和建议；

（八）讨论法律法规规章规定的以及学校与学校工会商定的其他事项。

第（一）（二）（三）项属于知情权、表达权。对学校章程草案的制定和修订情况，学校发展规划、教职工队伍建设、教育教学改革、校园建设以及其他重大改革和重大问题解决方案，学校年度工作、财务工作、工会工作报告以及其他专项工作等情况，教职工代表大会有知情权、表达权。

第（四）项属于审议权、通过权。对涉及教职工福利、校内分配实施方案以及相应的教职工聘任、考核、奖惩办法等事项，与教职工切身利益密切相关，教职工代表大会有权审议并作出决定。

第（五）项属于审议权、监督权。对上一届职工代表提案的办理情况，教职工代表大会有权审议，提出意见，进行监督。

第（六）项、第（七）项属于监督权。对学校领导干部进行评议，对学校章程、规章制度和决策的落实情况，教职工代表大会有权提出意见和建议，实施民主监督。

第（八）项属于指引性规定。即除前七项外，法律法规规章另有关于职工代表大会职权规定的，以及学校与学校工会商定纳入教职工代表大会的其他事项，也应纳入其中。比如，民办学校、中外合作办学机构属于民办非企业单位，适用《劳动合同法》的规定，学校与学校工会应签订集体合同，集体合同草案应当提交职工代表大会或者全体职工讨论通过。

▶ 参考规定

1.《学校教职工代表大会规定》

第一条　为依法保障教职工参与学校民主管理和监督，完善现代学校制度，促进学校依法治校，依据教育法、教师法、工会法等法律，制定本规定。

第二条　本规定适用于中国境内公办的幼儿园和各级各类学校（以下统称学校）。

民办学校、中外合作办学机构参照本规定执行。

第五条　教职工代表大会和教职工代表大会代表应当遵守国家法律法规，遵守学校规章制度，正确处理国家、学校、集体和教职工的利益关系。

第六条　教职工代表大会在中国共产党学校基层组织的领导下开展工作。教职工代表大会的组织原则是民主集中制。

第二十条　教职工代表大会的议题，应当根据学校的中心工作、教职工的普遍要求，由学校工会提交学校研究确定，并提请教职工代表大会表决通过。

第二十一条　教职工代表大会的选举和表决，须经教职工代表大会代表总数半数以上通过方为有效。

2.《国有文化企事业单位职工代表大会实施办法（暂行）》

第八条　职工代表大会行使下列职权：

（一）听取本单位行政负责人的工作报告，讨论审议本单位年度工作报告、发展长远规划和近期目标、重大改革方案、财务预决算报告、收入分配方案，并作出决议；

（二）审议通过岗位责任制、劳动用工、劳动报酬、工作时间、休息休假、劳动安全卫生、保险福利、职工培训、劳动纪律，以及其他涉及职工切身利益的规章制度或者重大事项等；

（三）审议通过集体合同草案，对集体合同履行情况进行监督检查；

（四）审议决定职工福利基金的使用方案和其他有关职工生活福利的重大事项；对职工参加社会保险及各项社会保险费缴纳情况进行监督；

（五）民主评议和监督领导班子成员，并向相关部门提出奖惩和任免的建议；

主管机关任命或者免除行政领导人员的职务时，必须充分考虑职工代表的意见；

（六）选举职工董事、职工监事；推选劳动模范和先进工作者；

（七）其他法律和行政法规规定的须经职工代表大会讨论、审议或者决定的事项。

第二十八条　国有文化企事业单位建立集体合同制度的，工会要代表职工就职工劳动报酬、工作时间、休息休假、劳动安全卫生、保险福利等涉及职工切身利益的事项与单位进行集体协商，集体合同草案应提交职工代表大会或者全体职工讨论通过。

第二十九条　实行公司制的文化企业单位，应当按照《公司法》的规定建立职工董事、职工监事制度。通过职工代表大会民主选举一定数量的职工代表进入董事会、监事会。职工董事、职工监事代表职工参与企业的决策，发挥监督作用。

31. 区域（行业）职工代表大会具有哪些职权？

所谓区域（行业）职工代表大会，是在县级以下一定区域或性质相近的行业内若干尚不具备单独建立职工代表大会制度条件的中小企业，通过民主选举代表联合召开会议，组织职工参与企业管理，行使民主管理权利，协调解决区域（行业）内劳动关系共性问题的民主管理制度。区域（行业）职工代表大会是本区域（行业）内职工参与民主管理的基本形式，也是区域（行业）实行政务公开、厂务公开的有效渠道。这是近年来职工代表大会制度探索实践的有效成果。

与一个单独企业不同，区域（行业）职工代表大会是在企业之外召开的，但又覆盖众多中小企业，沟通协调任务较重，工作难度较大。区域（行业）工会组织是区域（行业）职工代表大会的工作机构，负责区域（行业）职工代表大会的日常工作。区域（行业）工会要在同级党委的领导下，加强与政府及有关部门的联系，加强与行业协会、商会等企业代表组织的协商沟通及合作，注意借助整合各方面的资源。

区域（行业）职工代表，经区域（行业）工会与有关方面协调形成推选方案后，由区域（行业）内的企业职工民主选举产生。区域（行业）职工代表大会的代表应充分体现代表性，在企业经营管理者、工人、技术人员和区域（行业）工会、企业代表组织以及管理部门中合理分配代表名额，企业工人代表人数不得少于代表总人数的50%。

区域（行业）职工代表大会要解决的是区域（行业）劳动关系的共性问题。依据《中华全国总工会关于推行区域（行业）职工代表大会制度的意见（试行）》的规定，区域（行业）职工代表大会职权主要有五个方面：

（一）听取区域（行业）执行国家有关劳动法规政策情况报告，区域（行业）劳动关系状况报告，并提出意见和建议；

（二）讨论区域（行业）内企业有关劳动报酬、工作时间、休息休假、劳动安全卫生、保险福利、职工培训、劳动纪律以及劳动定额管理等直接涉及职工切身利益的重大问题，提出意见和建议；

（三）讨论通过区域（行业）集体合同草案和专项集体合同草案；

（四）审议监督区域（行业）内企业执行劳动法律法规和区域（行业）职工代表大会决定事项情况，签订和履行劳动合同、集体合同情况，缴纳社会保险费情况，实行厂务公开情况等；

（五）审议决定区域（行业）职工代表大会的其他事项。

第（一）项、第（二）项属于知情权、表达权。

第（三）项属于审议权、通过权。

第（四）项属于审议权、监督权。

第（五）项属于指引性规定。即除前四项外，如另有关于区域（行业）职工代表大会职权规定的，也应纳入其中。

在推进区域（行业）职工代表大会时，应注意把握四个方面的要求：

第一，坚持在同级党组织的重视支持和领导下，紧紧围绕本地区经济社会发展的中心工作，自觉服从服务于本地区（行业）的大局。

第二，争取同级政府及其有关部门的大力支持，推进政府和工会联席（联系）会议制度，把区域（行业）职工代表大会纳入协调事项。

第三，加强与区域（行业）企业代表组织的联系沟通与协商，注意听取他们的意见和建议，调动他们的积极性，充分借助他们的资源和力量。

第四，坚持因地制宜，循序渐进，先建机制，后提质量。加强宣传引导，营造良好社会氛围，调动区域（行业）各企业和广大职工积极参与。

▶ 参考规定

1. 《劳动合同法》

第五十三条　在县级以下区域内，建筑业、采矿业、餐饮服务业等行业可以由工会与企业方面代表订立行业性集体合同，或者订立区域性集体合同。

2. 《中共中央 国务院关于构建和谐劳动关系的意见》

在中小企业集中的地方，可以建立区域性、行业性职工代表大会。

3. 《企业民主管理规定》

第十五条　县级以下一定区域内或者性质相近的行业内的若干尚不具备单独建立职工代表大会制度条件的中小企业，可以通过选举代表联合建立区域（行业）职工代表大会制度，开展企业民主管理活动。

工会负责组织建立区域（行业）职工代表大会制度。区域（行业）工会作为区域（行业）职工代表大会的工作机构承担日常工作。

第四章　职工代表大会召开应关注的问题

> 职工代表大会每年至少召开一次，筹备工作应注意哪些事项？预备会议应解决哪些问题？主席团履行哪些职责？有哪些工作机构和工作制度？正式会议的主要程序有哪些？怎样通过议题、议案、决定和事项？本部分就这些操作性问题进行梳理，以便读者掌握职工代表大会的运作流程，以及在流程中应注意的具体事项。

32. 职工代表大会一年召开几次？

众所周知，职工代表大会每年至少召开一次，但相当多的人认为是一年一次，把"至少"给丢了。《全民所有制工业企业职工代表大会条例》第十八条规定，"职工代表大会至少每半年召开一次。每次会议必须有三分之二以上的职工代表出席。遇有重大事项，经厂长、企业工会或三分之一以上职工代表的提议，可召开临时会议"。对全民所有制工业企业来说，每年至少召开两次职工代表大会。《城镇集体所有制企业条例》第二十九条规定："职工（代表）大会依照企业章程规定定期召开，但每年不得少于两次。"对城镇集体所有制企业来说，每年至少也得召开两次职工代表大会。

《企业民主管理规定》第十七条规定，"职工代表大会每年至少召开一次"。《学校教职工代表大会规定》第十七条规定,"教职工代表大会每学年至少召开一次"。《水利系统企事业单位职工代表大会规定》第十一条第二款规定:"职工代表大会每年至少召开一次会议。企事业单位的行政、工会或者三分之一以上职工代表提议,可以临时召开职工代表大会。"《国有文化企事业单位职工代表大会实施办法(暂行)》第十条规定,职工代表大会每年至少召开一次。《国资委党委 国资委关于建立和完善中央企业职工代表大会制度的指导意见》规定,中央企业职工代表大会每年至少召开一次。《中华全国总工会办公厅关于规范召开企业职工代表大会的意见》第一项也规定,企业职代会每年至少召开一次。

综合上述规定,关于职工代表大会每年召开次数,应这样把握:

第一,对全民所有制度工业企业来说,职工代表大会每年至少召开两次。经厂长、企业工会或三分之一以上职工代表提议,可召开临时会议。

第二,对城镇集体所有制企业来说,职工代表大会每年至少召开两次。至于谁来提议召开临时会议,没有具体规定。根据《城镇集体所有制企业条例》第三十条的规定"集体企业的职工代表大会,可以设立常设机构,负责职工代表大会闭会期间的工作",很可能由"常设机构"来提议。

第三,对其他企事业单位来说,职工代表大会每年至少召开一次。经单位行政、工会、三分之一职工代表提议,可以召开临时会议。

参考规定

1. 《全民所有制工业企业职工代表大会条例》

第十八条 职工代表大会至少每半年召开一次。每次会议必须有三分之二以上的职工代表出席。

遇有重大事项,经厂长、企业工会或三分之一以上职工代表的提议，可召开临时会议。

职工代表大会进行选举和作出决议，必须经全体职工代表过半数通过。

2. 《城镇集体所有制企业条例》

第二十九条　职工（代表）大会依照企业章程规定定期召开，但每年不得少于两次。

第三十条　集体企业的职工代表大会，可以设立常设机构，负责职工代表大会闭会期间的工作。

常设机构的人员组成、产生方式、职权范围及名称，由集体企业职工代表大会规定，报上级管理机构备案。

3. 《企业民主管理规定》

第十七条　职工代表大会每年至少召开一次。职工代表大会全体会议必须有三分之二以上的职工代表出席。

4. 《学校教职工代表大会规定》

第十七条　教职工代表大会每学年至少召开一次。

遇有重大事项，经学校、学校工会或1/3以上教职工代表大会代表提议，可以临时召开教职工代表大会。

5. 《中华全国总工会办公厅关于规范召开企业职工代表大会的意见》

一、企业职代会每年至少召开一次。

二十六、职代会闭会期间遇有重大问题，可由企业行政、工会或三分之一以上的职工代表联名，提议召开职代会，并按照规范程序进行。

33. 职工代表大会筹备工作应注意哪些事项？

职工代表大会每年至少召开一次，会议之前要做大量的筹备工作。根据相关规定，结合工作实践，筹备工作从提出会议方案开始，到会议召开，主要有以下环节和要求：

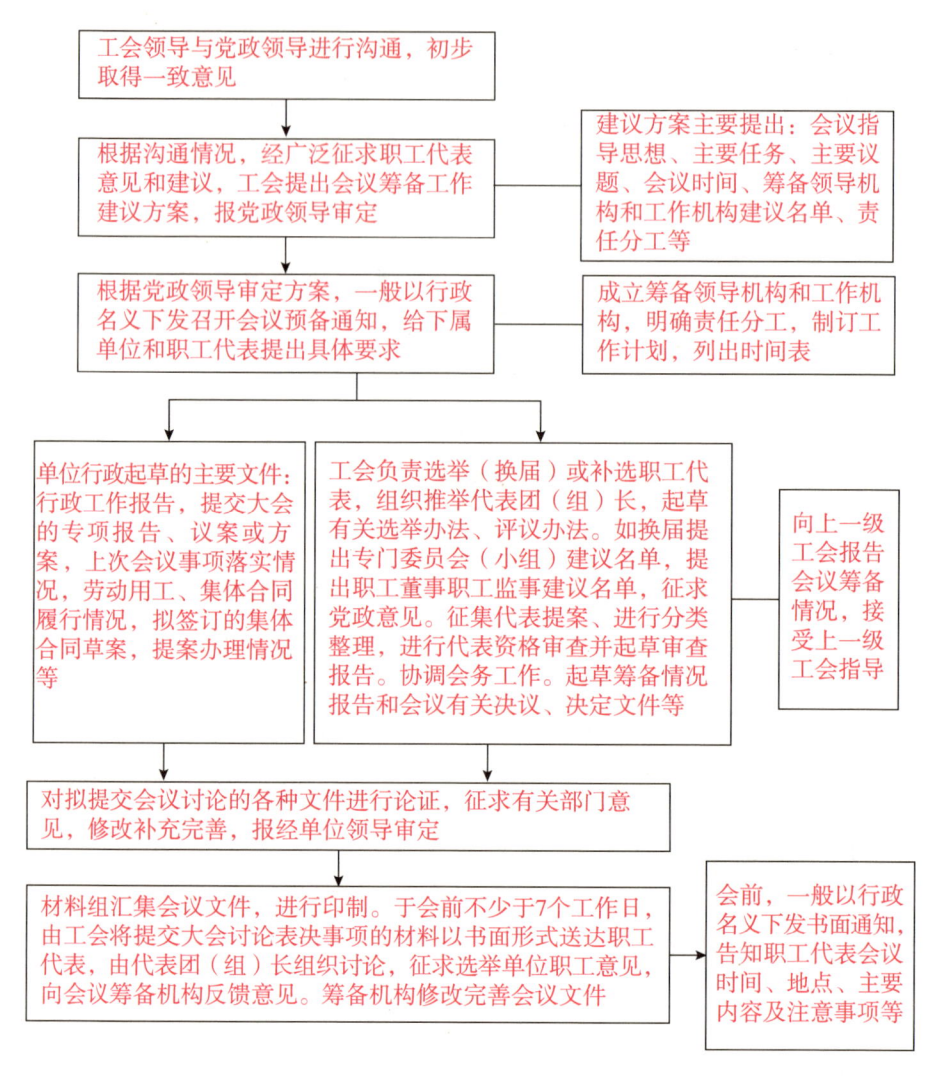

```
┌─────────────────────────────────┐
│ 工会领导与党政领导进行沟通，初步 │
│ 取得一致意见                    │
└────────────┬────────────────────┘
             ↓
┌─────────────────────────────────┐    ┌──────────────────────────┐
│ 根据沟通情况，经广泛征求职工代表│    │ 建议方案主要提出：会议指 │
│ 意见和建议，工会提出会议筹备工作├───→│ 导思想、主要任务、主要议 │
│ 建议方案，报党政领导审定        │    │ 题、会议时间、筹备领导机 │
└────────────┬────────────────────┘    │ 构和工作机构建议名单、责 │
             ↓                          │ 任分工等                 │
┌─────────────────────────────────┐    └──────────────────────────┘
│ 根据党政领导审定方案，一般以行政│    ┌──────────────────────────┐
│ 名义下发召开会议预备通知，给下属├───→│ 成立筹备领导机构和工作机 │
│ 单位和职工代表提出具体要求      │    │ 构，明确责任分工，制订工 │
└────────────┬────────────────────┘    │ 作计划，列出时间表       │
             ↓                          └──────────────────────────┘
```

（流程图续）

单位行政起草的主要文件：行政工作报告，提交大会的专项报告、议案或方案，上次会议事项落实情况，劳动用工、集体合同履行情况，拟签订的集体合同草案，提案办理情况等

工会负责选举（换届）或补选职工代表，组织推举代表团（组）长，起草有关选举办法、评议办法。如换届提出专门委员会（小组）建议名单，提出职工董事职工监事建议名单，征求党政意见。征集代表提案、进行分类整理，进行代表资格审查并起草审查报告。协调会务工作。起草筹备情况报告和会议有关决议、决定文件等

向上一级工会报告会议筹备情况，接受上一级工会指导

对拟提交会议讨论的各种文件进行论证，征求有关部门意见，修改补充完善，报经单位领导审定

材料组汇集会议文件，进行印制。于会前不少于7个工作日，由工会将提交大会讨论表决事项的材料以书面形式送达职工代表，由代表团（组）长组织讨论，征求选举单位职工意见，向会议筹备机构反馈意见。筹备机构修改完善会议文件

会前，一般以行政名义下发书面通知，告知职工代表会议时间、地点、主要内容及注意事项等

请注意以下具体事项：

（1）关于谁来提议。一般来说，一个企事业单位每年的职工代表大会时间相对固定，但职工代表大会不会自动启动，总得有人提议。谁来提议呢？从道理上讲，企事业单位的党、政、工及职工代表都可以提议。因企事业单位工会是职工代表的工作机构，负责闭会期间的工作日常，所以，往往由工会提议，与党政领导进行沟通协商后，启动筹备工作。

(2）关于会议时间。召开会议的具体时间，由工会与党政领导根据本单位的生产工作实际，沟通协商来确定。至于从筹备会议到召开会议需要多长时间，目前没有明确规定，考虑到起草文件、补选代表、本单位工作生产任务，特别是征集提案及对提案的分类整理等因素，大约需要一个月的时间。

换届之年，因故需要提前或者延期换届的，应当由职工代表大会或者其授权的机构决定。如由职工代表大会作出决定的，一般应在任期届满次召开的职工代表大会上作出决定；如由职工代表大会授权的机构作出决定的，应在本单位职工代表大会制度（实施办法或细则）中予以明确规定。

(3）关于筹备领导机构和工作机构。领导机构一般由单位党组织、行政、工会相关领导组成，党政主要领导一般为主任或组长，党政有关领导和工会主席一般为副主任或副组长，有关方面负责人为成员，办公室设在工会。工作机构可根据工作实际来决定，一般设文件组、会务组、选举组、提案组、代表联络组等，工作人员由党政工相关部门或下属单位抽调人员组成。

(4）关于选举或补选代表。如职工代表大会换届的，应制定选举办法（细则），确定代表名额数，明确代表组成结构，划分选举单位，分配代表名额，按照规定选举职工代表。职工代表经代表资格审查委员会审查通过后，在选举单位进行公示，接受监督。注意，代表人数不能超出预定名额，代表结构必须符合规定。凡超出分配名额，或不符合分配结构的，选举单位应重新上报或另行组织选举。

如补选职工代表的，补选代表的身份应与缺额代表的身份保持一致，比如缺额代表的身份是一线职工，补选代表也应是一线职工，防止领导人员"挤占"一线职工。补选的代表经代表资格审查委员会审查通过后，在选举单位进行公示，接受监督。

注意，补选代表的任期为本届职工代表大会的剩余期限。

（5）关于确定会议的议题事项。总的原则是围绕本单位的中心工作来确定会议的议题事项。具体可分为三类：一是，常规议题事项。比如，行政报告、执行劳动法律法规和劳动规章制度及劳动用工情况、提案办理情况、国有企业报告业务招待费和民主评议领导干部等。二是，根据需要确定议题事项。比如，专题（项）报告、选举职工董事职工监事、工资调整方案、改制分流安置方案、集体合同草案、规章制度等。这类议题事项不是每次会议都会遇到的，根据《公司法》的规定，董事任期不超过3年、监事任期为3年。《集体合同规定》第三十八条规定："集体合同或专项集体合同期限一般为1至3年，期满或双方约定的终止条件出现，即行终止。""集体合同或专项集体合同期满前3个月内，任何一方均可向对方提出重新签订或续订的要求。"三是，应职工和职工代表要求列入的议题事项。比如，辅助岗位使用劳务派遣用工情况、企业年金方案、建立奖励制度方案等，这类议题事项往往来自职工关注的问题。因此，在确定议题事项时，应广泛听取职工和职工代表的意见和建议。

（6）关于有关人员的建议名单。根据现有规定，在职工代表大会上需要选举或通过的名单有五份：

需要选举或通过的名单	
	破产企业债权人会议和债权人委员会中的职工代表候选人
	职工董事、职工监事候选人
	推荐劳动模范或先进人物候选人
	出席上一级职工代表大会的代表候选人
	各专门委员会（小组）成员建议名单、大会主席团组成建议名单、大会监票人名单

通过这五个方面候选人或建议名单的有关规定和依据，我们在后面的问题中一一分析。

▶ 参考规定

1.《全民所有制工业企业职工代表大会条例》

第十九条　职工代表大会应当围绕增强企业活力、促进技术进步、提高经济效益，针对企业经营管理、分配制度和职工生活等方面的重要问题确定议题。

2.《企业民主管理规定》

第十条　职工代表大会每届任期为三年至五年。具体任期由职工代表大会根据本单位的实际情况确定。

职工代表大会因故需要提前或者延期换届的，应当由职工代表大会或者其授权的机构决定。

第十八条　职工代表大会议题和议案应当由企业工会听取职工意见后与企业协商确定，并在会议召开七日前以书面形式送达职工代表。

3.《学校教职工代表大会规定》

第二十条　教职工代表大会的议题，应当根据学校的中心工作、教职工的普遍要求，由学校工会提交学校研究确定，并提请教职工代表大会表决通过。

第二十三条　教职工代表大会可根据实际情况和需要设立若干专门委员会（工作小组），完成教职工代表大会交办的有关任务。专门委员会（工作小组）对教职工代表大会负责。

4.《水利系统企事业单位职工代表大会规定》

第十六条　首次召开职工代表大会前应当成立筹备机构，由企事业单位党组织、行政、工会等方面的人员组成。筹备机构的主要任务是：起草本单位职工代表大会实施办法（细则）；组织选举职工代表；起草职工代表大会筹备工作情况报告；研究确定本次职工代表大会主要议题和议程；听取职工意见和建议。

第二十条 职工代表大会的议题和议案，由企事业单位与工会协商确定。

5.《国有文化企事业单位职工代表大会实施办法（暂行）》

第十二条 职工代表大会应当围绕增强本单位活力、促进技术进步、提高经济效益，针对本单位经营管理、分配制度和职工生活等方面的重要问题确定议题。

第十四条 首次召开职工代表大会前应当成立筹备机构，由单位党组织、行政、工会等方面人员组成。筹备机构主要任务是：起草本单位职工代表大会实施办法（细则）；组织选举职工代表；起草职代会筹备工作情况报告；研究确定本次职工代表大会主要议题和议程；听取职工意见和建议，等等。

6.《中华全国总工会办公厅关于规范召开企业职工代表大会的意见》

五、企业应当根据法律法规的规定，结合实际，制定职代会实施办法（细则）。职代会实施办法（细则）应当提交职代会审议通过。

十五、工会应当按照企业职代会实施办法（细则）制定职工代表选举方案；负责对职工代表条件、产生程序、人员构成比例等进行审核，并将职工代表名单进行公示，接受职工监督。

十六、确定召开职代会后，工会或职代会提案委员会应当通过职工代表向职工征集提案；经审查立案后提交职代会讨论。

十七、召开职代会前应当以书面形式，通知职工代表参加会议的时间、地点及主要内容。

十八、需要通过职代会讨论表决事项的相关材料，一般应当在会前不少于7个工作日，以书面形式送达职工代表，由职工代表团（组）长组织职工代表充分讨论和征求选区职工的意见。

十九、基层工会组织在召开职代会之前，应当向上一级工会报告会议筹备情况，上一级工会应当予以指导。

34. 职工董事、职工监事候选人应符合哪些要求？

同其他董事、监事一样，职工董事、职工监事应首先符合《公司法》第一百四十六条规定的条件。董事、高级管理人员不得兼任监事。其他董事、监事由股东大会选举产生，而职工董事、职工监事由职工代表大会或职工大会选举产生。

通常情况下，职工董事、职工监事的候选人由公司工会提名，公司党组织审核，并报告上级工会；没有党组织的公司可由上一级工会组织审核。工会主席一般应作为职工董事的候选人，工会副主席一般应作为职工监事的候选人。

同时还要注意，工会主席、副主席应当符合任职条件，单位行政主要负责人、法定代表人、合伙人以及他们的近亲属不得作为本单位工会主席、副主席候选人。

另外，特别提醒注意，关于职工董事，国有独资公司另有特别规定，根据《国有独资公司董事会试点企业职工董事管理办法（试行）》的规定，公司党委（党组）书记和未兼任工会主席的党委副书记、纪委书记（纪检组组长），公司总经理、副总经理、总会计师不能担任职工董事。职工董事候选人可以是公司工会主要负责人，也可以是公司其他职工代表，而且应差额选举产生。但对职工监事没有规定。

所以，除国有独资公司对职工董事有特别规定外，其他公司制企业，工会主席一般应作为职工董事的候选人，工会副主席一般应作为职工监事的候选人。至于是否差额，没有明确规定，由公司制企业自主决定，但必须投票选举产生。

参考规定

1.《公司法》

第三十六条 有限责任公司股东会由全体股东组成。股东会是公司的权力机构,依照本法行使职权。

第三十七条 股东会行使下列职权:

……

(二)选举和更换非由职工代表担任的董事、监事,决定有关董事、监事的报酬事项;

……

第六十六条 国有独资公司不设股东会,由国有资产监督管理机构行使股东会职权。国有资产监督管理机构可以授权公司董事会行使股东会的部分职权,决定公司的重大事项,但公司的合并、分立、解散、增加或者减少注册资本和发行公司债券,必须由国有资产监督管理机构决定;其中,重要的国有独资公司合并、分立、解散、申请破产的,应当由国有资产监督管理机构审核后,报本级人民政府批准。

前款所称重要的国有独资公司,按照国务院的规定确定。

第六十七条 国有独资公司设董事会,依照本法第四十六条、第六十六条的规定行使职权。董事每届任期不得超过三年。董事会成员中应当有公司职工代表。

董事会成员由国有资产监督管理机构委派;但是,董事会成员中的职工代表由公司职工代表大会选举产生。

董事会设董事长一人,可以设副董事长。董事长、副董事长由国有资产监督管理机构从董事会成员中指定。

第六十九条 国有独资公司的董事长、副董事长、董事、高级管理人员,未经国有资产监督管理机构同意,不得在其他有限责任公司、股份有限公司或者其他经济组织兼职。

第七十条　国有独资公司监事会成员不得少于五人，其中职工代表的比例不得低于三分之一，具体比例由公司章程规定。

监事会成员由国有资产监督管理机构委派；但是，监事会成员中的职工代表由公司职工代表大会选举产生。监事会主席由国有资产监督管理机构从监事会成员中指定。

监事会行使本法第五十三条第（一）项至第（三）项规定的职权和国务院规定的其他职权。

第九十八条　股份有限公司股东大会由全体股东组成。股东大会是公司的权力机构，依照本法行使职权。

第九十九条　本法第三十七条第一款关于有限责任公司股东会职权的规定，适用于股份有限公司股东大会。

第一百零八条　股份有限公司设董事会，其成员为五人至十九人。

董事会成员中可以有公司职工代表。董事会中的职工代表由公司职工通过职工代表大会、职工大会或者其他形式民主选举产生。

本法第四十五条关于有限责任公司董事任期的规定，适用于股份有限公司董事。

本法第四十六条关于有限责任公司董事会职权的规定，适用于股份有限公司董事会。

第一百四十六条　有下列情形之一的，不得担任公司的董事、监事、高级管理人员：

（一）无民事行为能力或者限制民事行为能力；

（二）因贪污、贿赂、侵占财产、挪用财产或者破坏社会主义市场经济秩序，被判处刑罚，执行期满未逾五年，或者因犯罪被剥夺政治权利，执行期满未逾五年；

（三）担任破产清算的公司、企业的董事或者厂长、经理，对该公司、企业的破产负有个人责任的，自该公司、企业破产清算完结之日起未逾三年；

（四）担任因违法被吊销营业执照、责令关闭的公司、企业的法定代表人，并负有个人责任的，自该公司、企业被吊销营业执照之日起未逾三年；

（五）个人所负数额较大的债务到期未清偿。

公司违反前款规定选举、委派董事、监事或者聘任高级管理人员的，该选举、委派或者聘任无效。

董事、监事、高级管理人员在任职期间出现本条第一款所列情形的，公司应当解除其职务。

第一百四十七条 董事、监事、高级管理人员应当遵守法律、行政法规和公司章程，对公司负有忠实义务和勤勉义务。

董事、监事、高级管理人员不得利用职权收受贿赂或者其他非法收入，不得侵占公司的财产。

2. 《中华全国总工会关于进一步推行职工董事、职工监事制度的意见》

（二）职工董事、职工监事的产生程序

职工董事、职工监事的候选人由公司工会提名，公司党组织审核，并报告上级工会；没有党组织的公司可由上一级工会组织审核。工会主席一般应作为职工董事的候选人，工会副主席一般应作为职工监事的候选人。

职工董事、职工监事由本公司职工代表大会以无记名投票方式选举产生。职工董事、职工监事候选人必须获得全体会议代表过半数选票方可当选。

公司应建立健全职工代表大会制度，尚未建立的，应组织职工或职工代表选举产生职工董事、职工监事，并积极筹建职工代表大会制度。

3. 《国有独资公司董事会试点企业职工董事管理办法（试行）》

第五条　担任职工董事应当具备下列条件：

（一）经公司职工民主选举产生；

（二）具有良好的品行和较好的群众基础；

（三）具备相关的法律知识，遵守法律、行政法规和公司章程，保守公司秘密；

（四）熟悉本公司经营管理情况，具有相关知识和工作经验，有较强的参与经营决策和协调沟通能力；

（五）《公司法》等法律法规规定的其他条件。

第六条　下列人员不得担任公司职工董事：

（一）公司党委（党组）书记和未兼任工会主席的党委副书记、纪委书记（纪检组组长）；

（二）公司总经理、副总经理、总会计师。

第七条　职工董事候选人由公司工会提名和职工自荐方式产生。

职工董事候选人可以是公司工会主要负责人，也可以是公司其他职工代表。

第八条　候选人确定后由公司职工代表大会、职工大会或其他形式以无记名投票的方式差额选举产生职工董事。

公司未建立职工代表大会的，职工董事可以由公司全体职工直接选举产生，也可以由公司总部全体职工和部分子（分）公司的职工代表选举产生。

第九条　职工董事选举前，公司党委（党组）应征得国资委同意；选举后，选举结果由公司党委（党组）报国资委备案后，由公司聘任。

4. 《工会基层组织选举工作条例》

第十一条　单位行政主要负责人、法定代表人、合伙人以及他们的近亲属不得作为本单位工会委员会委员、常务委员会委员和主席、副主席候选人。

第十八条 基层工会主席、副主席可以等额选举产生，也可以差额选举产生。主席、副主席应从新当选的工会委员会委员中产生，设立常务委员会的应从新当选的常务委员会委员中产生。

35. 专门委员会（小组）的职责和组成人员有哪些要求？

职工代表大会根据工作需要，可以设立若干专门委员会（小组），专门委员会（小组）是职工代表大会的工作机构。每个企事业单位的情况不同，一般设立的有：代表资格审查委员会（小组）、民主管理委员会（小组）、群众生产委员会（小组）、规章制度委员会（小组）、生活福利委员会（小组）、民主评议委员会（小组）、集体协商委员会（小组）等。

其主要职责是：审议提交职工代表大会的有关议案；在职工代表大会闭会期间，负责处理临时需要解决的重要问题，并提请下一次职工代表大会确认；检查、督促有关部门贯彻执行职工代表大会决议和职工提案的处理；处理职工代表大会交办的其他事项。

各企事业单位应制定专门委员会（小组）工作制度，一般由工会负责起草，经党政领导同意即可，不需要经过职工代表大会审议通过。

关于专门委员会（小组）的组成人员，《企业民主管理规定》第十一条规定，"专门委员会（小组）成员人选必须经职工代表大会审议通过。"没有规定组成人员必须为职工代表。

值得说明的是，《全民所有制工业企业职工代表大会条例》第二十一条规定："各专门小组的人选，一般在职工代表中提名；也可以聘请非职工代表，但必须经职工代表大会通过。"《国有文化企事业单位职工代表大会实施办法（暂行）》《水利系统企事业单位职工代表大会规定》对专门委员会（小组）成员的建议人选也作出类似规定，而针对其他企事业单位没有类似的规定。

实践中，有的单位规定，专门委员会（小组）成员必须是职工代表，该规定仅适用于有限制性规定的企事业单位，其他单位可以借鉴，但可以不受该规定限制。

综上所述，除有限制性规定外，专门委员会（小组）组成人员，包括主任（组长）人选，可以是职工代表，也可以是非职工代表；可以等额，也可以差额；可以举手表决通过，也可以投票选举通过。这些可在本单位职工代表大会实施办法（细则）中予以明确。

▶ 参考规定

1.《全民所有制工业企业职工代表大会条例》

第二十一条　职工代表大会可根据需要，设立若干精干的临时的或经常性的专门小组（或专门委员会，下同），完成职工代表大会交办的有关事项。其主要工作是：审议提交职工代表大会的有关议案；在职工代表大会闭会期间，根据职工代表大会的授权，审定属本专门小组分工范围内需要临时决定的问题，并向职工代表大会报告予以确认；检查、督促有关部门贯彻执行职工代表大会决议和职工提案的处理；办理职工代表大会交办的其他事项。

专门小组进行活动需要占用生产或者工作时间，有权按照正常出勤享受应得的待遇，但需经厂长同意。各专门小组的人选，一般在职工代表中提名；也可以聘请非职工代表，但必须经职工代表大会通过。

各专门小组对职工代表大会负责。

2.《企业民主管理规定》

第十一条　职工代表大会根据需要，可以设立若干专门委员会（小组），负责办理职工代表大会交办的事项。专门委员会（小组）成员人选必须经职工代表大会审议通过。

第十二条 职工代表按照基层选举单位组成代表团（组），并推选团（组）长。可以设立职工代表大会团（组）长和专门委员会（小组）负责人联席会议，根据职工代表大会授权，在职工代表大会闭会期间负责处理临时需要解决的重要问题，并提请下一次职工代表大会确认。

联席会议由企业工会负责召集，联席会议可以根据会议内容邀请企业领导人员或其他有关人员参加。

3. 《学校教职工代表大会规定》

第二十三条 教职工代表大会可根据实际情况和需要设立若干专门委员会（工作小组），完成教职工代表大会交办的有关任务。专门委员会（工作小组）对教职工代表大会负责。

4. 《国有文化企事业单位职工代表大会实施办法（暂行）》

第十三条 职工代表大会可以根据需要，设立提案组、职工保险福利组、财务审查组、规章制度监督组、平等协商组、民主评议组等若干专门小组。各专门小组的人选，一般在职工代表中提名，也可以聘请非职工代表，但必须经职工代表大会表决通过。各专门小组对职工代表大会负责。

专门小组进行活动需要占用工作时间的须经领导同意，方可享受正常出勤同样的待遇。

36. 预备会议的主要任务是什么？

为保证职工代表大会顺利完成各项议程，正式会议前，可召开预备会议，预备会议由企事业单位工会主持，全体职工代表参加。《中华全国总工会办公厅关于规范召开企业职工代表大会的意见》第二十条规定:"正式召开职代会前可以召开预备会议。预备会议由本企业工会主持,全体职工代表参加。"

预备会议的主要程序和任务是:(一)选举大会主席团;(二)听取关于本届(次)职代会筹备情况的报告;(三)审议通过关于职工代表资格审查情况的报告;(四)通过大会议程;(五)决定大会其他有关事项。

提醒读者注意的是,依照现有的规定,预备会议不是必经程序,可以召开,也可以不召开。但有人把预备会议作为职工代表大会的必经程序,让一些企事业单位感到"麻烦"。笔者以为,这是对预备会议的误读误解,之所以设置预备会议,主要考虑的是,大型企事业单位职工代表人数较多,各种组织协调任务较重,预备会议可以为正式会议"铺路",把一些问题解决在正式会议之前。如果本单位职工代表人数不多,或者召开的是职工大会,前期沟通协调已经比较充分,召开预备会议没有太大意义,预备会议的任务完全可以在正式会议上进行,同时,也没必要一定选举主席团来主持会议。当然,这应由企事业单位自主决定。

▶ 参考规定

1.《中华全国总工会办公厅关于规范召开企业职工代表大会的意见》

二十、正式召开职代会前可以召开预备会议。预备会议由本企业工会主持,全体职工代表参加。

二十一、职代会预备会议的主要程序是:

(一)选举大会主席团;

(二)听取关于本届(次)职代会筹备情况的报告;

(三)审议通过关于职工代表资格审查情况的报告;

(四)通过大会议程;

（五）决定大会其他有关事项。

2. 《水利系统企事业单位职工代表大会规定》

第十七条　职工代表大会预备会议的主要程序：

（一）选举通过大会主席团；

（二）听取关于本届（次）职工代表大会筹备情况的报告；

（三）审议通过关于职工代表资格审查情况的报告；

（四）通过大会议程；

（五）决定大会其他有关事项。

37. 大会主席团的职责和组成有哪些要求？

预备会议产生主席团后，由主席团主持正式会议。1986年印发的《全民所有制工业企业职工代表大会条例》第十六条明确，职工代表大会选举主席团主持会议，这一功能一直沿用至今。2011年印发的《中华全国总工会办公厅关于规范召开企业职工代表大会的意见》第二十五条规定："职代会主席团负责处理会议期间的相关事项。"

从现有规定看，主席团可设可不设。其功能有二：一是，主持职工代表大会；二是，处理会议期间相关事项。主席团是一个临时机构，只在大会期间发挥作用。

关于主席团的组成，《全民所有制工业企业职工代表大会条例》第十六条规定："职工代表大会选举主席团主持会议。主席团成员应有工人、技术人员、管理人员和企业的领导干部。其中工人、技术人员、管理人员应超过半数。"《企业民主管理规定》第十九条规定："职工代表大会可以设主席团主持会议。主席团成员由企业工会与职工代表大会各团（组）协商提出候选人名单，经职工代表大会预备会议表决通过。其中，工人、技术人员、管理人员不少于百分之五十。"《学校教职工代表大会规定》第二十二条规定："教职工代表大会在教职工代表大会代表中推选人员，组成主席团主持会议。主席团应当由学校各方面人员组成，其中包括学校、学校工会主要领导，教师代表应占多数。"

从上述规定看，如果是企业，主席团成员中工人、技术人员、管理人员不少于百分之五十；如果是学校，主席团成员中教师代表应占多数。

主席团成员产生的方式，在协商的基础上，有的规定"表决通过"，有的规定"推举产生"，有的规定"选举产生"。

▶ 参考规定

1.《全民所有制工业企业职工代表大会条例》

第十六条　职工代表大会选举主席团主持会议。主席团成员应有工人、技术人员、管理人员和企业的领导干部。其中工人、技术人员、管理人员应超过半数。

2.《企业民主管理规定》

第十九条　职工代表大会可以设主席团主持会议。主席团成员由企业工会与职工代表大会各团（组）协商提出候选人名单，经职工代表大会预备会议表决通过。其中，工人、技术人员、管理人员不少于百分之五十。

3.《学校教职工代表大会规定》

第二十二条　教职工代表大会在教职工代表大会代表中推选人员，组成主席团主持会议。

主席团应当由学校各方面人员组成，其中包括学校、学校工会主要领导，教师代表应占多数。

4.《国资委党委 国资委关于建立和完善中央企业职工代表大会制度的指导意见》

职代会主席团成员的选举产生程序。在征求职工代表意见的基础上，召开职工代表团（组）长会议，协商提出主席团成员候选人名单。主席团成员必须在职代会的预备会议上由职工代表选举产生。

主席团成员应有一线职工、技术管理人员和企业负责人，人数可以根据企业的具体情况确定。劳模先进人物、青年职工和女职工的代表在主席团成员中应有适当名额。

38. 职工代表大会正式会议有哪些主要程序？

职工代表大会正式会议的程序是一个具体操作问题，目前的规范性文件中难以找到明确规定。根据职工代表大会的性质和职权，结合各地实践，一般情况下职工代表大会的主要程序是：

```
举行大会开幕式
      ↓
进行大会致词
      ↓
作行政工作报告、其他专题（项）报告
      ↓
进行团（组）讨论，审议有关报告文件
      ↓
进行大会交流发言或专题质询
      ↓
团（组）审议有关人选的建议名单
      ↓
有关领导干部述职、进行民主评议
      ↓
通过专门委员会（小组）人选名单、监票人
名单，选举职工董事、职工监事等
      ↓
进行大会表决、通过有关文件决议或方案
      ↓
签订通过的集体合同草案
      ↓
举行大会闭幕式、致闭幕词，宣布大会结束
```

提醒读者，大会程序不一定按照上述顺序，设置议程可多可少，由各企事业单位自主决定。

▷ 参考规定

1.《水利系统企事业单位职工代表大会规定》

第十八条　职工代表大会召开正式会议时，会议主持人必须向大会报告职工代表出席情况、职工代表大会提案征集情况和上届职工代表大会提案的落实情况。职工代表大会应当以职工代表团（组）为单位讨论相关事宜。大会主席团成员分别参加本代表团（组）的讨论。

2.《国有文化企事业单位职工代表大会实施办法（暂行）》

第十六条　职工代表大会召开正式会议时，会议主持人必须向大会报告职工代表出席情况、职工代表大会提案征集情况和上次职工代表大会提案的落实情况。职工代表大会应当以职工代表团（组）为单位讨论相关事宜。大会主席团成员分别参加本代表团（组）的讨论。

39. 职工代表大会运行中应注意哪些具体问题？

职工代表大会涉及的议题事项多、程序环节多，在大会运行过程中，可能出现各种各样的情况。根据各地实践，笔者提醒，应注意以下具体问题：

（1）参会代表人数。职工代表大会必须有全体职工代表的三分之二以上到会。这是一条硬性规定，少于三分之二的，会议无效。三分之二以上，包括以三分之二比例计算的整数本身，比如应参会 60 名代表，实际参会必须在 40 人以上，包括 40 人；如应参会 100 名代表，以三分之二的比例计算，得出 66.67，这时实际参会必须在 67 人以上，包括 67 人，而不能少于 67 人。

（2）会议主持人。从主席团成员中推举一人主持大会开幕式，一般由工会主席担任主持人，也可以由党委副书记担任。如不设主席团，可由工会主席或党委副书记担任主持人。

（3）开幕式主要内容。说明本次大会的指导思想、主要任务，介绍出席会议的领导、嘉宾，报告职工代表出席情况、职代会提案征集处理情况和上次大会提案的落实情况。奏唱国歌。

（4）大会致词、贺词。一般由党委书记或董事长、上级单位领导（代表）致词，合作单位领导（代表）致贺词。

（5）行政工作报告、其他专项（题）报告。行政工作报告属于综合性报告，由行政主要领导来作，内容应基本涵盖职工代表大会知情权的主要事项。其他专项（题）报告大致属于子（分）报告，由其他分管领导或部门领导来作，也可以是书面报告，内容集中某一议题事项，比如，集体合同草案，大会选举办法的说明，执行劳动法律和劳动用工情况，职工分流、安置方案，工资、奖金、福利分配或调整方案，提案办理情况，业务招待费使用情况等。

（6）进行团（组）讨论。由团（组）长主持，围绕行政工作报告、其他专项（题）报告发表意见和建议，要充分发扬民主，保证代表畅所欲言。团（组）长应全面收集整理意见和建议，并向主席团反馈。

（7）进行大会发言或质询。就普遍关心的议题事项，各团（组）推荐代表进行大会发言，表明观点。对有关具体问题可以向有关领导和部门提出质询，请求予以说明。

（8）审议有关人选建议名单。包括职工董事、职工监事候选人，职工代表大会各专门委员会（小组）组成人员，进入破产企业的债权人会议和债权人委员会中的职工代表候选人，劳动模范或先进人物候选人，上一级职工代表大会的代表候选人，根据授权决定企事业单位有关领导的人选名单等。

(9) 民主评议领导人员。根据有关规定，由企事业单位有关领导人进行述职述廉，按照测评办法进行民主测评。比如，国有企业的民主评议对象是企业的领导班子，主要是企业厂长（经理）、副厂长（副经理），党委书记、副书记，董事长、副董事长。

(10) 进行大会选举。应首先通过选举办法，通过大会监票人名单。选举或通过的事项包括：专门委员会（小组）组成人员，选举职工董事、职工监事，选举上一级职工代表大会的代表，选举城镇集体所有制企业领导人等。获得应参会职工代表过半数赞成票的，方能当选。违反规定程序的，选举无效。

(11) 进行大会表决、通过有关决议。比如，集体合同草案、职工安置方案，推荐的先进集体和个人，通过提案决议等。选举和表决相关事项，必须按照少数服从多数的原则，经全体职工代表的过半数通过。对重要事项的表决，应当采用无记名投票的方式分项表决。未按照规定程序审议、通过或者决定的无效。

(12) 大会闭幕式。主持人可以是工会主席或党委副书记。由董事长或党委书记致闭幕词。主要概括本次大会完成的主要议题事项，对贯彻大会精神提出具体要求，最后宣布大会结束。

参考规定

1.《乡村集体所有制企业条例》

第二十六条 企业职工有参加企业民主管理，对厂长（经理）和其他管理人员提出批评和控告的权利。

企业职工大会或者职工代表大会有权对企业经营管理中的问题提出意见和建议，评议、监督厂长（经理）和其他管理人员，维护职工的合法权益。

2.《城镇集体所有制企业条例》

第三十一条 集体企业实行厂长（经理）负责制。厂长（经理）对企业职工（代表）大会负责，是集体企业的法定代表人。

第三十二条第一款 厂长（经理）由企业职工代表大会选举或者招聘产生。选举和招聘的具体办法，由省、自治区、直辖市人民政府规定。

3.《企业财务会计报告条例》

第三十五条 国有企业、国有控股的或者占主导地位的企业，应当至少每年一次向本企业的职工代表大会公布财务会计报告，并重点说明下列事项：

（一）反映与职工利益密切相关的信息，包括：管理费用的构成情况，企业管理人员工资、福利和职工工资、福利费用的发放、使用和结余情况，公益金的提取及使用情况，利润分配的情况以及其他与职工利益相关的信息；

（二）内部审计发现的问题及纠正情况；

（三）注册会计师审计的情况；

（四）国家审计机关发现的问题及纠正情况；

（五）重大的投资、融资和资产处置决策及其原因的说明；

（六）需要说明的其他重要事项。

4.《关于国有企业实行业务招待费使用情况向职代会报告的规定》

第四条 企业厂长（经理）应当每半年一次向职代会据实报告业务招待费使用情况，并由职代会向职工传达。

第五条 报告内容主要包括：业务招待费支出项目、金额，开支是否符合制度、使用是否合理、手续是否完备以及其他需要说明的情况。

5.《关于国有企业实行业务招待费使用情况等重要事项向职代会报告制度的规定》

第二条 国有企业领导人员应当向职代会报告下列重要事项：

（一）业务招待费使用情况；

（二）个人廉洁自律情况；

（三）与职工切身利益直接有关的事项。

第三条　业务招待费是指企业在生产经营过程中用于必要招待的各项费用。

报告业务招待费使用财政部应当包括：业务招待费全年核定额和实际支出额以及主要开支项目，开支是否符合制度、手续是否完备以及其他需要说明的情况。

第四条　报告个人廉洁自律情况应当包括：本人收入，住房、购房、装修住房，电话费开支，使用公车，出差出国（境）费用支出，购买本企业内部职工股以及为配偶、子女经商办企业提供便利条件等情况。

第五条　报告与职工切身利益直接有关的事项应当包括：企业兼并、出租、破产、拍卖、用工、裁员、职工下岗分流和再就业、工资分配、住房分配、保险福利、劳动保护等事项。

第六条　国有企业领导人员应当每年向职代会报告一次上述重要事项。需要及时向职代会报告的，在职代会闭会期间可以向职工代表团（组）长和专门小组负责人联席会议报告，由联席会议协商处理。

第八条　职代会可以根据需要成立审核小组，负责对报告的事项进行审核，并向职代会报告审核情况；职代会就当对报告的事项进行审议并提出意见，对企业裁员、工资、福利等涉及职工切身利益的事项依法作出决定。

第九条　国有企业领导人员应当根据职代会提出的意见或作出决定，针对存在的问题提出改进措施并向职代会报告改进情况。

6.《企业年金办法》

第七条　建立企业年金，企业应当与职工一方通过集体协商确定，并制定企业年金方案。企业年金方案应当提交职工代表大会或者全体职工讨论通过。

第十一条　企业与职工一方可以根据本企业情况，按照国家政策规定，经协商一致，变更企业年金方案。变更后的企业年金方案应当经职工代表大会或者全体职工讨论通过，并重新报送人力资源社会保障行政部门。

7.《国有独资公司董事会试点企业职工董事管理办法（试行）》

第六条　下列人员不得担任公司职工董事：

（一）公司党委（党组）书记和未兼任工会主席的党委副书记、纪委书记（纪检组组长）；

（二）公司总经理、副总经理、总会计师。

第七条　职工董事候选人由公司工会提名和职工自荐方式产生。

职工董事候选人可以是公司工会主要负责人，也可以是公司其他职工代表。

第八条　候选人确定后由公司职工代表大会、职工大会或其他形式以无记名投票的方式差额选举产生职工董事。

公司未建立职工代表大会的，职工董事可以由公司全体职工直接选举产生，也可以由公司总部全体职工和部分子（分）公司的职工代表选举产生。

第九条　职工董事选举前，公司党委（党组）应征得国资委同意；选举后，选举结果由公司党委（党组）报国资委备案后，由公司聘任。

第二十六条　职工代表大会罢免决议经公司党委（党组）审核，报国资委备案后，由公司履行解聘手续。

8.《中华全国总工会办公厅关于规范召开企业职工代表大会的意见》

二十二、召开职代会正式会议必须有全体职工代表的三分之二以上到会。

会议主持人必须向大会报告职工代表出席情况、职代会提案征集处理情况和上次职代会提案的落实情况。

二十三、职代会应当以职工代表团（组）为单位讨论相关事宜。大会主席团成员分别参加本代表团（组）的讨论。

40. 哪些事项应由职工代表大会通过？

前面已经分析，通过权是职工代表大会最重要的职权。职代会选举和表决重要决议和事项，必须得到应到会职工代表过半数同意，方能通过。根据现有规定，通过权涉及以下事项：

（1）关于专门委员会（小组）组成人员、大会主席团组成人员、监票人建议名单。是否差额，没有明确规定，可以等额，也可以差额，一般等额。是举手表决，还是投票选举，也没有明确规定，由企事业单位自主决定，一般以举手表决方式。

注意，代表人数较少的，一般设监票人；代表人数较多的，可以设总监票人、监票人。计票人，属于大会的具体工作人员，不需要大会通过。

（2）关于职工董事、职工监事的选举、罢免和补选。国有独资公司职工董事候选人可以是公司工会主要负责人，也可以是公司其他职工代表，候选人应当差额，而且选举前，公司党委（党组）应征得国资委同意。除国有独资公司关于职工董事的特别规定外，其他公司制企业职工董事、职工监事是否差额，没有明确规定。职工董事、职工监事应通过投票选举产生。罢免、补选职工董事、职工监事也应通过投票方式来决定。

（3）依法进入破产程序的企业债权人会议和债权人委员会中的职工代表。候选人是否差额，没有明确规定，可以等额，也可以差额。是举手表决，还是投票选举，也没有明确规定，由企事业单位自主决定。

注意，这里的"职工代表"是指职工方面的代表，而不仅限于参加职工代表大会的代表。

（4）关于选举上一级职工代表大会的代表、推荐劳动模范或先进人物。候选人是否差额，没有明确规定，可以等额，也可以差额。但必须通过投票选举的方式产生。

（5）城镇集体所有制企业领导人。候选人是否差额，没有明确规定，可以等额，也可以差额。但必须通过投票选举的方式产生。罢免也必须通过投票的方式进行。

（6）关于职工分流安置方案、集体合同或专项合同草案。应通过投票表决的方式进行。

注意，一些单位把劳动争议调解委员会组成人员、劳动保护监督检查委员会组成人员也列入职工代表大会通过的名单，这种做法于法无据，颇有主观想象之嫌。劳动争议调解委员会，是由单位行政和工会商定设立的从事劳动争议调解的工作机构；劳动保护监督检查委员会，是由单位工会单独设立的从事劳动安全卫生监督检查的工作机构。二者不属于职工代表大会的工作机构，不需要大会通过。

▶ 参考规定

1.《城镇集体所有制企业条例》

第二十八条　集体企业的职工（代表）大会在国家法律、法规的规定范围内行使下列职权：

……

（二）按照国家规定选举、罢免、聘用、解聘厂长（经理）、副厂长（副经理）；

（三）审议厂长（经理）提交的各项议案，决定企业经营管理的重

大问题;

(四)审议并决定企业职工工资形式、工资调整方案、奖金和分红方案、职工住宅分配方案和其他有关职工生活福利的重大事项;

(五)审议并决定企业的职工奖惩办法和其他重要规章制度;

……

2.《国有独资公司董事会试点企业职工董事管理办法(试行)》

第八条 候选人确定后由公司职工代表大会、职工大会或其他形式以无记名投票的方式差额选举产生职工董事。

公司未建立职工代表大会的,职工董事可以由公司全体职工直接选举产生,也可以由公司总部全体职工和部分子(分)公司的职工代表选举产生。

第九条 职工董事选举前,公司党委(党组)应征得国资委同意;选举后,选举结果由公司党委(党组)报国资委备案后,由公司聘任。

3.《企业民主管理规定》

第十一条 职工代表大会根据需要,可以设立若干专门委员会(小组),负责办理职工代表大会交办的事项。专门委员会(小组)成员人选必须经职工代表大会审议通过。

第十三条 职工代表大会行使下列职权:

……

(二)审议通过集体合同草案,按照国家有关规定提取的职工福利基金使用方案、住房公积金和社会保险费缴纳比例和时间的调整方案、劳动模范的推荐人选等重大事项;

(三)选举或者罢免职工董事、职工监事,选举依法进入破产程序企业的债权人会议和债权人委员会中的职工代表,根据授权推荐或者选举企业经营管理人员;

……

第二十条 职工代表大会选举和表决相关事项，必须按照少数服从多数的原则，经全体职工代表的过半数通过。对重要事项的表决，应当采用无记名投票的方式分项表决。

4.《中华全国总工会办公厅关于规范召开企业职工代表大会的意见》

二十四、职代会选举及表决通过决议、重要事项，应当以无记名投票方式进行，得到全体职工代表二分之一以上同意票方为当选（有效）。

41. 什么情形下可以罢免职工董事、职工监事？

职工董事的任期每届不超过三年，任期届满，可连选连任。职工董事的劳动合同在董事任期内到期的，自动延长至董事任期结束。职工董事任职期间，公司不得因其履行董事职务的原因降职减薪、解除劳动合同。职工董事因故出缺，按规定进行补选。职工董事在任期内调离本公司的，其职工董事资格自行终止，缺额另行补选。职工董事、职工监事空缺时间一般不得超过3个月。

至于什么情形下可以罢免职工董事，除《国有独资公司董事会试点企业职工董事管理办法（试行）》外，其他规范性文件没有明确规定。在国有独资公司中，职工董事有下列行为之一的，应当罢免：（一）职工代表大会或职工大会年度考核评价结果较差的；（二）对公司的重大违法违纪问题隐匿不报或者参与公司编造虚假报告的；（三）泄露公司商业秘密，给公司造成重大损失的；（四）以权谋私，收受贿赂，或者为自己及他人从事与公司利益有冲突的行为损害公司利益的；（五）不向职工代表大会或职工大会报告工作或者连续两次未能亲自出席也不委托他人出席董事会的；（六）其他违反法律、行政法规应予罢免的行为。

除国有独资公司对罢免职工董事情形有特别规定外，其他公司制企业哪些情形下可以罢免职工董事？对所有的公司制企业来说，哪些情形下可以罢免职工监事？笔者没有查到明确规定。既然没有规定，企事业单位可自主决定，但不得违背两个方面的要求：

一是，《公司法》中关于职工董事、职工监事的任职条件；

二是，《基层工会会员代表大会条例》中关于工会主席、副主席被罢免的条件。

参考规定

1.《国有独资公司董事会试点企业职工董事管理办法（试行）》

第二十一条　职工代表大会有权罢免职工董事，公司未建立职工代表大会的，罢免职工董事的权力由职工大会行使。职工董事有下列行为之一的，应当罢免：

（一）职工代表大会或职工大会年度考核评价结果较差的；

（二）对公司的重大违法违纪问题隐匿不报或者参与公司编造虚假报告的；

（三）泄露公司商业秘密，给公司造成重大损失的；

（四）以权谋私，收受贿赂，或者为自己及他人从事与公司利益有冲突的行为损害公司利益的；

（五）不向职工代表大会或职工大会报告工作或者连续两次未能亲自出席也不委托他人出席董事会的；

（六）其他违反法律、行政法规应予罢免的行为。

第二十二条　罢免职工董事，须由十分之一以上全体职工或三分之一以上职工代表大会代表联名提出罢免案，罢免案应当写明罢免理由。

第二十三条　公司召开职工代表大会或职工大会，讨论罢免职工董事事项时，职工董事有权在主席团会议和大会全体会议上提出申辩理由或者书面提出申辩意见，由主席团印发职工代表或全体职工。

第二十四条 罢免案经职工代表大会或职工大会审议后，由主席团提请职工代表大会或职工大会表决。罢免职工董事采用无记名投票的表决方式。

第二十五条 罢免职工董事，须经职工代表大会过半数的职工代表通过。

公司未建立职工代表大会的，须经全体职工过半数同意。

第二十六条 职工代表大会罢免决议经公司党委（党组）审核，报国资委备案后，由公司履行解聘手续。

2.《中华全国总工会关于进一步推行职工董事、职工监事制度的意见》

（四）职工董事、职工监事的任期、补选、罢免

职工董事、职工监事的任期与其他董事和监事的任期相同，任期届满，可以连选连任。

职工董事、职工监事在任期内，其劳动合同自动延长至任期届满；任职期间以及任期届满后，公司不得因其履行职责的原因与其解除劳动合同，或采取其他形式进行打击报复。

职工董事、职工监事离职的，其任职资格自行终止。职工董事、职工监事出缺应及时进行补选，空缺时间一般不得超过3个月。

职工代表大会有权罢免职工董事、职工监事。罢免职工董事、职工监事，须有三分之一以上的职工代表联名提出罢免议案。

3.《基层工会会员代表大会条例》

第四十条 基层工会主席、副主席，具有下列情形之一的，可以罢免：

（一）连续两年测评等次为不满意的；

（二）任职期间个人有严重过失的；

（三）被依法追究刑事责任的；

（四）其他需要罢免的情形。

基层工会委员会委员具有上述（二）（三）（四）项情形的，可以罢免。

42. 民主评议企业领导人员是怎样进行的？

依照现有的政策规定，职工代表大会民主评议企业领导干部主要在国有企业进行。其他企事业单位是否开展民主评议领导干部，如有规定的依照规定执行，比如《学校教职工代表大会条例》《水利系统企事业单位职工代表大会规定》《国有文化企事业单位职工代表大会实施办法（暂行）》等。这里仅就国有企业民主评议领导干部有关问题予以说明。

第一，民主评议的对象。企业的领导班子，主要是企业厂长（经理）、副厂长（副经理），党委书记、副书记，董事长、副董事长。企业其他领导人员是否列入民主评议的范围，由各地各部门根据实际情况确定。

第二，民主评议的内容。企业领导班子和领导成员贯彻执行党和国家的方针、政策情况；遵守党纪和国家的法律、法规情况；企业经营管理和国有资产保值增值情况；推进企业精神文明建设情况；思想作风、精神状态、职业道德、勤奋敬业和廉洁自律情况。

第三，民主评议的方法。由企业领导干部进行述职述廉，职工代表大会以无记名投票方式进行民主测评，测评结果应根据干部管理权限，报上级组织人事部门或董事会，同时抄报（派驻）本企业监事会。注意，民主测评结果不用报上级工会。

第四，民主评议的步骤。民主评议的具体步骤大致为：

（1）根据企业实际，制定民主评议的实施方案或办法；

（2）向广大干部和职工群众宣传民主评议企业领导干部的目的、

意义和要求，做好思想动员工作；

（3）被评议的领导干部按照要求撰写述职报告；

（4）领导干部在职工代表大会或职工大会上进行述职；

（5）职工代表对述职领导干部进行评议；

（6）职工代表采用无记名方式对述职领导干部进行民主测评；

（7）整理职工代表的评议意见以及对领导干部的奖惩任免建议，统计测评结果，形成书面材料报送职工代表大会主席团；

（8）评议结果经职工代表大会主席团同意后，报送上级有关干部主管部门，作为对企业领导干部任免和奖惩的重要依据，并向职工代表和被评议的企业领导干部反馈。

参考规定

1. 《关于进一步做好职工代表大会民主评议国有企业领导人员工作的意见》

二、职工代表大会民主评议的对象和内容

职工代表大会民主评议的对象主要是国有独资企业、国有控股企业（含国有独资金融企业和国有控股金融企业）及其分支机构的领导班子及成员。职工代表大会民主评议的具体人员，由各地区、各有关部门、各企业根据企业实际情况确定。

职工代表大会民主评议国有企业领导班子及成员要根据其承担的工作职责和目标任务进行，主要内容包括：政治素质、职业操守情况；履职能力和工作实绩情况；勤奋敬业、尽职尽责维护国家和企业利益情况；依靠职工办企业、维护职工合法权益情况；廉洁从业情况等。

职工代表大会民主评议国有企业领导班子及成员，既要坚持实事求是，注重工作实绩，又要适应新形势新任务新要求，根据不同时期、不同企业特点，确定民主评议的重点，不断深化民主评议内容。当前，要将贯彻中央关于企业重大决策、重要人事任免、重大项目安排和大额度资金运作"三重一大"事项决策制度的执行情况，企业领导人员廉洁从业情况，涉及职工切身利益重大事项的决策及执行情况，重要规章制度的制定及执行情况，实行厂务公开情况等，作为职工代表大会民主评议的重要内容，使职工代表大会制度在促进国有企业党的建设、推动科学发展、构建和谐企业中充分发挥作用。

三、职工代表大会民主评议国有企业领导人员的组织实施

职工代表大会民主评议国有企业领导人员工作要在企业党委（党组）领导下，由职工代表大会主席团主持进行，职工代表大会应建立民主评议专门委员会（或专门小组），负责职工代表大会交办的民主评议事项及监督检查民主评议结果落实等情况。上级组织人事部门要对职工代表大会民主评议国有企业领导人员工作进行指导和监督。

职工代表大会民主评议国有企业领导人员工作应每年进行一次。民主评议前，被评议人应当在职工代表大会上作述职、述廉报告，接受职工代表的质询；民主评议应当采用职工代表无记名投票方式进行测评；民主评议的结果应根据干部管理权限，报上级组织人事部门或董事会，同时抄报（派驻）本企业监事会。

企业党委（党组）书记、董事长、总经理是本企业职工代表大会民主评议国有企业领导人员工作的主要责任人，要重视和支持职工代表大会开展民主评议工作。企业工会作为职工代表大会的工作机构，要协同企业组织人事和纪委等相关部门做好职工代表大会民主评议的具体组织工作。企业要根据有关文件要求，制定或修订本企业职工代表大会民主评议国有企业领导人员的实施办法或操作规程，明确评议内容，规范评议程序，建立规范有效的工作机制，不断提高民主评议工作质量和水平。

2.《企业民主管理规定》

第十三条　职工代表大会行使下列职权：

……

（四）审查监督企业执行劳动法律法规和劳动规章制度情况，民主评议企业领导人员，并提出奖惩建议；

……

第五章　职工代表大会之后应关注的问题

　　企事业单位职工代表大会虽然结束，但事情还没有结束，还有许多后续工作需要办理。比如，对审议的报告怎么处理？职工董事选举、罢免和补选之后应履行哪些程序？集体合同通过后应履行哪些程序？职工裁减、分流、安置方案经职工代表大会审议通过适用哪些企业？公开事项应注意哪些问题？怎样推动大会通过的议题事项贯彻落实？等等。本部分就这些问题予以阐明，以便读者把握。

43. 职工代表大会之后涉及哪些后续工作？

　　职工代表大会虽然结束，但还有许多后续工作需要办理，后续工作是职工代表大会必不可少的重要一环。企事业单位应对大会涉及的所有议题事项分门别类进行梳理，根据不同的情况，分别作出处理，完成大会之后的工作。具体如下：

　　（1）关于行政工作报告、其他专项（题）报告。认真研究职工代表讨论审议时所提出的意见和建议，对合理的意见和建议要充分采纳，修改补充完善各项报告，经行政主要领导审定后，由行政向全体职工公开。

　　（2）关于规章制度。应认真研究吸收职工代表的意见和建议，进行修改完善，如行政有不同看法的，应与工会协商，听取工会意见。对意见分歧较大的问题，还可以召开部分职工和职工代表参加的论证会，听取意见和建议。经修改补充完善，并与工会取得一致意见后，形成正式文件，由行政向全体职工公开。

（3）关于民主评议领导干部。测评结果应根据干部管理权限，报上级组织人事部门或董事会，同时抄报（派驻）本企业监事会。至于测评结果是否向全体职工代表和职工群众公开，没有明确规定。

注意，民主测评结果不用报上级工会。

（4）关于各专门委员会（小组）成员。各专门委员会（小组）是职工代表大会的工作机构，负责处理日常事务。其组成人选必须经职工代表大会审议通过，这里的审议通过，一般以举手表决的方式进行，也可以投票进行。一旦通过就可以履行职责。专门委员会往往在职工代表大会成立的第一次会议或换届的第一次会议上通过，任期与本届职工代表任期相同。届期内补选、增补的成员，也应经职工代表大会审议通过，任期为本届职工代表大会剩余任期。

注意，专门委员会（小组）成员是否差额，没有明确规定，由企事业单位自主决定，一般以举手表决方式。

（5）关于监票人名单。监票人、总监票人名单应经职工代表大会表决通过，一般以举手表决的方式进行。监票人只在投票选举、投票表决时履行职责，事后不再履行职责。

注意，计票人不需要经职工代表大会表决通过。

（6）关于职工董事、职工监事的选举。职工董事、职工监事通过职工代表大会以无记名投票方式选举产生后，应履行有关程序。具体有哪些要求，在后面的问题中详细说明。

注意，如果候选人没有通过，一般应重新提名候选人，等下一次职工代表大会再进行选举。

(7) 关于集体合同或专项集体合同草案。如果集体合同或专项集体合同草案没有通过,可以修改完善,再次进行表决,也可以会后修改完善,提交下一次职工代表大会审议通过。如果集体合同或专项集体合同草案审议通过,经双方首席代表签字后,应履行有关的程序。在后面的问题中详细说明。

(8) 关于职工裁减、分流、安置方案。职工裁减、分流、安置方案直接涉及职工的切身利益,依照《企业民主管理规定》第二十条的规定,职工裁减、分流、安置方案应当采用无记名投票的表决通过。如果职工代表大会通过了职工裁减、分流、安置方案,企业行政应将方案向全体职工公开。如果没有通过,行政方面,应分析研究没有通过的原因,认真提取职工的意见和建议,对职工不合理、违反法律政策规定的要求,要耐心作出解释说明,对合理的、符合法律政策要求的意见和建议,要充分吸收,修改完善方案,提请下一次大会审议表决。

(9) 关于表决或选举的次数。如果议案方案草案、候选人经大会表决或选举没有通过,能否本次会议再次表决或选举呢?对该问题笔者没有查到具体规定,可由大会领导机构决定。笔者以为,从技术层面看,如果议案方案草案比较成熟、候选人得到多数代表同意,只是因为操作层面的问题而没有通过,可以在本次会议上再次表决或选举;如果因为议案方案草案不成熟、候选人得不到大多数人赞成,应会后认真修改议案方案草案、重新提名候选人,提请下一次职工代表大会表决或选举。

(10) 关于职工代表大会讨论、审议、通过议题事项的公开。依照《企业民主管理规定》第三十四、三十五条的规定,凡职工代表大会讨论通过的决议、事项、选举结果应形成书面文件,并及时向全体职工公开。关于厂务公开注意事项,在后面的问题中详细说明。

(11) 关于建立专门档案。凡职工代表的报告、议案、决议、决定、代表提案、选举结果，以及请示、答复、函件、代表手册、讨论记录、大会发言等书面材料，要分门别类，按照时间顺序建立专门档案。

▶ 参考规定

1.《关于进一步做好职工代表大会民主评议国有企业领导人员工作的意见》

职工代表大会民主评议国有企业领导人员工作应每年进行一次。民主评议前，被评议人应当在职工代表大会上作述职、述廉报告，接受职工代表的质询；民主评议应当采用职工代表无记名投票方式进行测评；民主评议的结果应根据干部管理权限，报上级组织人事部门或董事会，同时抄报（派驻）本企业监事会。

2.《中华全国总工会办公厅关于规范召开企业职工代表大会的意见》

二十七、职代会通过的决议、重要事项和选举结果等应当形成书面文件并及时公示。

职代会应当建立专门档案。

44. 职工董事、职工监事选举、罢免、补选后应履行哪些程序？

根据有关规定，职工董事、职工监事选举产生，或罢免、补选后，应履行以下程序：

（1）当选、罢免或补选的职工董事、职工监事应依照《公司登记管理条例》的规定，同其他董事、监事一样，由公司行政到公司登记机关申请登记，或变更登记。

（2）当选、罢免或补选的职工董事、职工监事，应报上级工会、有关部门和机构备案。这里的"上级工会"，正常理解，是指公司工会的上一级工会。具体由谁上报，没有规定，可以由公司工会上报，也可以由公司行政上报。

（3）补选职工董事、职工监事的任期为本届董事会、监事会剩余的期限。

另外，国有独资公司的职工董事有特别规定，选举结果由公司党委（党组）报国资委备案后，由公司聘任。

▶ 参考规定

1.《公司登记管理条例》

第二十条　设立有限责任公司，应当由全体股东指定的代表或者共同委托的代理人向公司登记机关申请设立登记。设立国有独资公司，应当由国务院或者地方人民政府授权的本级人民政府国有资产监督管理机构作为申请人，申请设立登记。法律、行政法规或者国务院决定规定设立有限责任公司必须报经批准的，应当自批准之日起90日内向公司登记机关申请设立登记；逾期申请设立登记的，申请人应当报批准机关确认原批准文件的效力或者另行报批。

申请设立有限责任公司，应当向公司登记机关提交下列文件：

（一）公司法定代表人签署的设立登记申请书；

（二）全体股东指定代表或者共同委托代理人的证明；

（三）公司章程；

（四）股东的主体资格证明或者自然人身份证明；

（五）载明公司董事、监事、经理的姓名、住所的文件以及有关委派、选举或者聘用的证明；

（六）公司法定代表人任职文件和身份证明；

（七）企业名称预先核准通知书；

（八）公司住所证明；

（九）国家工商行政管理总局规定要求提交的其他文件。

法律、行政法规或者国务院决定规定设立有限责任公司必须报经批准的，还应当提交有关批准文件。

第二十一条 设立股份有限公司，应当由董事会向公司登记机关申请设立登记。以募集方式设立股份有限公司的，应当于创立大会结束后30日内向公司登记机关申请设立登记。

申请设立股份有限公司，应当向公司登记机关提交下列文件：

（一）公司法定代表人签署的设立登记申请书；

（二）董事会指定代表或者共同委托代理人的证明；

（三）公司章程；

（四）发起人的主体资格证明或者自然人身份证明；

（五）载明公司董事、监事、经理姓名、住所的文件以及有关委派、选举或者聘用的证明；

（六）公司法定代表人任职文件和身份证明；

（七）企业名称预先核准通知书；

（八）公司住所证明；

（九）国家工商行政管理总局规定要求提交的其他文件。

以募集方式设立股份有限公司的，还应当提交创立大会的会议记录以及依法设立的验资机构出具的验资证明；以募集方式设立股份有限公司公开发行股票的，还应当提交国务院证券监督管理机构的核准文件。

法律、行政法规或者国务院决定规定设立股份有限公司必须报经批准的，还应当提交有关批准文件。

第二十六条 公司变更登记事项，应当向原公司登记机关申请变更登记。

未经变更登记，公司不得擅自改变登记事项。

第三十七条 公司董事、监事、经理发生变动的，应当向原公司登记机关备案。

2. 《国有独资公司董事会试点企业职工董事管理办法（试行）》

第七条　职工董事候选人由公司工会提名和职工自荐方式产生。

职工董事候选人可以是公司工会主要负责人，也可以是公司其他职工代表。

第八条　候选人确定后由公司职工代表大会、职工大会或其他形式以无记名投票的方式差额选举产生职工董事。

公司未建立职工代表大会的，职工董事可以由公司全体职工直接选举产生，也可以由公司总部全体职工和部分子（分）公司的职工代表选举产生。

第九条　职工董事选举前，公司党委（党组）应征得国资委同意；选举后，选举结果由公司党委（党组）报国资委备案后，由公司聘任。

第十八条　职工董事的任期每届不超过三年，任期届满，可连选连任。

第十九条　职工董事的劳动合同在董事任期内到期的，自动延长至董事任期结束。

职工董事任职期间，公司不得因其履行董事职务的原因降职减薪、解除劳动合同。

第二十条　职工董事因故出缺，按本办法第七条、第八条规定补选。

职工董事在任期内调离本公司的，其职工董事资格自行终止，缺额另行补选。

第二十六条　职工代表大会罢免决议经公司党委（党组）审核，报国资委备案后，由公司履行解聘手续。

3. 《中华全国总工会关于进一步推行职工董事、职工监事制度的意见》

（二）职工董事、职工监事的产生程序

职工董事、职工监事的候选人由公司工会提名，公司党组织审核，并报告上级工会；没有党组织的公司可由上一级工会组织审核。工会主席一般应作为职工董事的候选人，工会副主席一般应作为职工监事的候选人。

职工董事、职工监事由本公司职工代表大会以无记名投票方式选举产生。职工董事、职工监事候选人必须获得全体会议代表过半数选票方可当选。

公司应建立健全职工代表大会制度，尚未建立的，应组织职工或职工代表选举产生职工董事、职工监事，并积极筹建职工代表大会制度。

职工董事、职工监事选举产生后，应报上级工会、有关部门和机构备案，并与其他内部董事、监事一同履行有关手续。

45. 集体合同或专项集体合同通过后应履行哪些程序？

集体合同或专项集体合同经职工代表大会通过后，应当由行政方面首席代表和工会方面首席代表签字，签字后不能马上生效，应履行一定的程序。

（1）自签字之日起10日内，由用人单位一方将文本一式三份报送劳动保障行政部门审查。劳动保障行政部门对报送的集体合同或专项集体合同应当办理登记手续。

（2）劳动保障行政部门应当对报送的集体合同或专项集体合同的下列事项进行合法性审查。如有异议的，应当自收到文本之日起15日内将《审查意见书》送达双方协商代表，用人单位与本单位职工就提出异议的事项经集体协商后，重新签订集体合同或专项集体合同，自双方首席代表签字之日起10日内，由用人单位一方将文本一式三份报送劳动保障行政部门审查。

（3）如劳动保障行政部门自收到文本之日起15日内未提出异议

的，集体合同或专项集体合同即行生效。

（4）生效的集体合同或专项集体合同，应当自其生效之日起，由协商代表及时以适当的形式向本方全体人员公布。

参考规定

《集体合同规定》

第三十六条　经双方协商代表协商一致的集体合同草案或专项集体合同草案应当提交职工代表大会或者全体职工讨论。

职工代表大会或者全体职工讨论集体合同草案或专项集体合同草案，应当有 2/3 以上职工代表或者职工出席，且须经全体职工代表半数以上或者全体职工半数以上同意，集体合同草案或专项集体合同草案方获通过。

第三十七条　集体合同草案或专项集体合同草案经职工代表大会或者职工大会通过后，由集体协商双方首席代表签字。

第四十二条　集体合同或专项集体合同签订或变更后，应当自双方首席代表签字之日起 10 日内，由用人单位一方将文本一式三份报送劳动保障行政部门审查。

劳动保障行政部门对报送的集体合同或专项集体合同应当办理登记手续。

第四十四条　劳动保障行政部门应当对报送的集体合同或专项集体合同的下列事项进行合法性审查：

（一）集体协商双方的主体资格是否符合法律、法规和规章规定；

（二）集体协商程序是否违反法律、法规、规章规定；

（三）集体合同或专项集体合同内容是否与国家规定相抵触。

第四十五条　劳动保障行政部门对集体合同或专项集体合同有异议的，应当自收到文本之日起 15 日内将《审查意见书》送达双方协商代表。《审查意见书》应当载明以下内容：

（一）集体合同或专项集体合同当事人双方的名称、地址；

（二）劳动保障行政部门收到集体合同或专项集体合同的时间；

（三）审查意见；

（四）作出审查意见的时间。

《审查意见书》应当加盖劳动保障行政部门印章。

第四十六条 用人单位与本单位职工就劳动保障行政部门提出异议的事项经集体协商重新签订集体合同或专项集体合同的，用人单位一方应当根据本规定第四十二条的规定将文本报送劳动保障行政部门审查。

第四十七条 劳动保障行政部门自收到文本之日起15日内未提出异议的，集体合同或专项集体合同即行生效。

第四十八条 生效的集体合同或专项集体合同，应当自其生效之日起由协商代表及时以适当的形式向本方全体人员公布。

46. 职工裁减、分流、安置方案经职工代表大会审议通过适用哪些企业？

这里特别提醒读者，关于职工裁减、分流、安置方案经职工代表大会审议通过是一个非常重要且敏感的问题，关于适用范围，有关规定并不一致。根据《企业民主管理规定》第十四条的规定，职工裁减、分流、安置方案经职工代表大会审议通过适用于国有企业和国有控股企业。

《国务院关于钢铁行业化解过剩产能实现脱困发展的意见》《国务院关于煤炭行业化解过剩产能实现脱困发展的意见》《国务院办公厅关于营造良好市场环境 促进有色金属工业调结构促转型增效益的指导意见》以及《人力资源社会保障部 国家发展改革委等七部门关于在化解

钢铁煤炭行业过剩产能实现脱困发展过程中做好职工安置工作的意见》中，关于职工安置方案经职工代表大会讨论通过，适用于钢铁、煤炭、有色金属行业各种所有制企业。

2016年印发的《中华全国总工会关于深入推进非公有制企业民主管理工作的意见》中，关于职工安置方案经职工代表大会讨论通过的规定，适用所有非公有制企业，从有利于稳定劳动关系出发，非公有制企业应当考虑适用。

▶ 参考规定

1.《国务院关于钢铁行业化解过剩产能实现脱困发展的意见》

（十一）做好职工安置。要把职工安置作为化解过剩产能工作的重中之重，通过企业主体作用与社会保障相结合，多措并举做好职工安置。安置计划不完善、资金保障不到位以及未经职工代表大会或全体职工讨论通过的职工安置方案，不得实施。

2.《国务院关于煤炭行业化解过剩产能实现脱困发展的意见》

（十四）做好职工安置。要把职工安置作为化解过剩产能工作的重中之重，坚持企业主体作用与社会保障相结合，细化措施方案，落实保障政策，维护职工合法权益。安置计划不完善、资金保障不到位以及未经职工代表大会或全体职工讨论通过的职工安置方案，不得实施。

3.《国务院办公厅关于营造良好市场环境 促进有色金属工业调结构促转型增效益的指导意见》

（十四）做好职工安置工作。积极培育适应有色金属企业职工特点的创业创新载体，扩大返乡创业试点范围，提升创业服务孵化能力，培育接续产业集群，引导富余职工就地就近创业就业，缓解分流压力。通过技能培训、职业介绍等就业服务和就业创业扶持政策，促进失业人员再就业或自主创业。对符合条件的就业困难人员，要通过公益性岗位安置等政策予以帮扶。对符合条件的失业人员按规定发放失业保险，符合救助条件的应及时纳入社会救助范围，保障基本生活。不得实施资金保障不到位、方案不完善以及未经职工代表大会或全体职工讨论通过的职工安置方案。

4. 《企业民主管理规定》

第十四条 国有企业和国有控股企业职工代表大会除按第十三条规定行使职权外，行使下列职权：

……

（二）审议通过企业合并、分立、改制、解散、破产实施方案中职工的裁减、分流和安置方案；

……

47. 公开职工代表大会通过的议题事项应注意哪些问题？

职工代表大会通过的议题事项应当公开，有人会问：哪些单位应公开？公开哪些内容？这里予以说明。

中共中央纪律检查委员会、国家经济贸易委员会、中华全国总工会1999年印发的《关于推行厂务公开制度的通知》明确，"国有企业、集体企业以及国家和集体控股的企业是推行厂务公开制度的重点"。2002年《中共中央办公厅 国务院办公厅关于在国有企业、集体企业及其控股企业深入实行厂务公开制度的通知》明确规定，"国有企业、集体企业及其控股的企业都要实行厂务公开"，"国有、集体及其控股企业以外的其他企业，可依照法律规定，采取与本单位相适应的形式实行厂务公开，推进民主管理工作"，"本通知原则上适用于教育、科技、文化、卫生、体育等事业单位"。并明确规定公开内容包括四个方面：企业重大决策问题；企业生产经营管理方面的重要问题；涉及职工切身利益方面的问题；与企业领导班子建设和党风廉政建设密切相关的问题。

2012年中央六部门印发的《企业民主管理规定》适用范围为所有的企业，公开内容为：凡职工代表大会讨论通过的决议、事项、选举结果应形成书面文件，并及时向全体职工公开。2012年《中华全国总工会办公厅关于在推进事业单位改革中加强民主管理工作的通知》明确，各事业单位也要实行厂务公开。2015年印发的《中共中央 国务院关于构建和谐劳动关系的意见》明确，"积极稳妥推进非公有制企业厂务公开制度建设"。

从以上规定看，所有的企事业单位都要实行厂务公开制度，公开的内容包括职工代表大会职权的所有事项。国有企业、集体企业及其控股企业公开的内容更多涉及面更宽。实行厂务公开制度应遵循的原则是合法、及时、真实、有利于职工权益维护和企业发展。

实际工作中应注意三点例外：

一是，涉及国家秘密的事项除外；

二是，涉及商业秘密、知识产权的，应注意保密；

三是，涉及领导干部民主测评的，根据领导干部管理权限，公开的方式和范围应遵循其他相关规定。比如，国有企业领导干部民主测评结果应按干部管理权限，报上级组织人事部门或董事会，同时抄报（派驻）本企业监事会。没有规定向全体职工代表和职工公开，应注意与组织人事部门对接，慎重行事。

▶ 参考规定

1. 《中共中央办公厅 国务院办公厅关于在国有企业、集体企业及其控股企业深入实行厂务公开制度的通知》

三、厂务公开的实现形式

厂务公开的主要载体是职工代表大会。要按照有关规定，认真落实职代会的各项职权。要通过实行厂务公开，进一步完善职代会民主评议企业领导人员制度，坚持集体合同草案提交职代会讨论通过，企业业务招待费使用情况、企业领导人员廉洁自律情况、集体合同履行情况等企业重要事项向职代会报告制度，国有及国有控股的公司制企业由职代会选举职工董事、职工监事制度等，不断充实和丰富职代会的内容，提高职代会的质量和实效，落实好职工群众的知情权、审议权、通过权、决定权和评议监督权，建立符合现代企业制度要求的民主管理制度。

国有、集体及其控股企业以外的其他企业，可依照法律规定，采取与本单位相适应的形式实行厂务公开，推进民主管理工作。

本通知原则上适用于教育、科技、文化、卫生、体育等事业单位。

2.《企业民主管理规定》

第三十一条　企业应当建立和实行厂务公开制度，通过职工代表大会和其他形式，将企业生产经营管理的重大事项、涉及职工切身利益的规章制度和经营管理人员廉洁从业相关情况，按照一定程序向职工公开，听取职工意见，接受职工监督。

第三十三条　企业实行厂务公开应当遵循合法、及时、真实、有利于职工权益维护和企业发展的原则。

实行厂务公开应当保守企业商业秘密以及与知识产权相关的保密事项。

第三十四条　企业应当向职工公开下列事项：

（一）经营管理的基本情况；

（二）招用职工及签订劳动合同的情况；

（三）集体合同文本和劳动规章制度的内容；

（四）奖励处罚职工、单方解除劳动合同的情况以及裁员的方案和结果，评选劳动模范和优秀职工的条件、名额和结果；

（五）劳动安全卫生标准、安全事故发生情况及处理结果；

（六）社会保险以及企业年金的缴费情况；

（七）职工教育经费提取、使用和职工培训计划及执行的情况；

（八）劳动争议及处理结果情况；

（九）法律法规规定的其他事项。

第三十五条　国有企业、集体企业及其控股企业除公开第十三条、第十四条和第三十四条规定的相关事项外，还应当公开下列事项：

（一）投资和生产经营管理重大决策方案等重大事项，企业中长期发展规划；

（二）年度生产经营目标及完成情况，企业担保，大额资金使用、大额资产处置情况，工程建设项目的招投标，大宗物资采购供应，产品销售和盈亏情况，承包租赁合同履行情况，内部经济责任制落实情况，重要规章制度制定等重大事项；

（三）职工提薪晋级、工资奖金收入分配情况；专业技术职称的评聘情况；

（四）中层领导人员、重要岗位人员的选聘和任用情况，企业领导人员薪酬、职务消费和兼职情况，以及出国出境费用支出等廉洁自律规定执行情况，职工代表大会民主评议企业领导人员的结果；

（五）依照国家有关规定应当公开的其他事项。

3.《水利系统企事业单位职工代表大会规定》

第二十三条　职工代表大会审议通过的事项和决议应当在职工代表大会闭会后向全体职工公布。

法律法规规定应当提交职工代表大会审议的事项，未按照法定程序提交的，企事业单位的工会有权要求纠正，企事业单位应当根据工会的要求予以纠正。

法律法规规定应当提交职工代表大会审议通过的事项，未按照法定程序提交审议通过的，企事业单位就该事项作出的决定对本单位职工不具有约束力。

第二十四条 职工代表大会在其职权范围内审议通过的事项对本单位以及全体职工具有约束力，未经职工代表大会重新审议通过不得变更。

职工代表大会形成的决议和决定，未经职工代表大会同意不得修改。确需变更和修改的，必须提请职工代表大会重新审议表决通过后方可执行。

48. 怎样推动职工代表大会决议和事项的贯彻落实？

职工代表大会在其职权范围内依法审议通过的决议和事项具有约束力，企事业单位的各个方面和广大职工群众都应当贯彻落实。谁是落实的主体呢？一些人认为："这是工会的事儿。"这是极其错误的！至少也是误读误解。这里必须提醒，企事业单位行政是贯彻落实的主体。当然，企事业单位党组织、工会和职工代表都要参与其中，明确各自定位和职责，共同推动职工代表大会审议通过的决议和事项落实落地。"一分部署，九分落实。"实际工作中应注意分工负责，密切配合，发挥各自的作用，狠抓落实。

第一，行政应强化贯彻落实主体意识。行政是贯彻落实的责任主体，应强化责任意识，对职工代表大会通过的各项议题事项，要制定任务表、路线图，明确分工，责任到人，采取有效措施，稳步推进职工代表大会通过的决议和事项贯彻落实，并自觉接受职工群众监督。

第二，党组织应发挥思想引领作用。加强广泛宣传，让广大职工群众知晓职工代表大会通过的有关决定、决议和选举结果。教育引导广大职工把认识统一到职工代表大会精神上来，调动广大职工积极性、主动性和创造性，为本单位改革发展稳定贡献智慧和力量。

第三，职工代表要发挥模范带头作用。积极向选举单位职工宣传宣讲职工代表大会精神，答疑解惑，凝聚共识，带头执行落实职工代表大会的决议、决定。加强学习，提高素质，积极参加闭会期间开展的各项民主管理活动，自觉向职工报告履职情况，自觉接受选举单位职工评议监督。

第四，工会应加强贯彻落实的协调沟通。要注意收集各方面的信息，听取意见和建议，及时跟踪、反馈落实动态。适时召开各专门委员会（小组）和代表代表团（组）联席会，根据会议内容邀请企业党政负责人或其他有关人员参加，协调解决贯彻落实中遇到的具体问题。

第五，开展职工代表巡视、检查、质询活动。根据大会决定决议贯彻落实情况，组织职工代表开展巡视、检查活动，对发现的问题要督促整改。对职工普遍关心关注的问题，要深入调查研究，可以开展专题质询，由行政有关领导或部门作出说明，督促、帮助解决有关问题。

▶ 参考规定

1.《全民所有制工业企业职工代表大会条例》

第二十条　职工代表大会在其职权范围内决定的事项，非经职工代表大会同意不得修改。

第二十二条　职工代表大会闭会期间，需要临时解决的重要问题，由企业工会委员会召集职工代表团（组）长和专门小组负责人联席会议，协商处理，并向下一次职工代表大会报告予以确认。

联席会议可以根据会议内容邀请企业党政负责人或其他有关人员参加。

2.《全民所有制工业企业厂长工作条例》

第七条　厂长应当定期向职工代表大会（或职工大会，下同）报告工作，听取意见，组织实施职工代表大会在其职权范围内作出的有关决定，负责处理职工代表大会提出应由行政方面处理的提案，接受职工代表大会的监督。

3. 《中国共产党全民所有制工业企业基层组织工作条例》

第二十七条 党委对职工代表大会实行思想政治领导，保障职工代表大会行使规定的权力，向职工代表大会宣传党的路线、方针、政策，通过党员职工代表的先进模范作用，把党的方针、政策变成群众的自觉行动；教育职工不断提高主人翁责任感，支持、引导职工代表正确地行使权利和履行义务。

4. 《企业民主管理规定》

第二条 民主管理工作应当坚持党的领导，以邓小平理论和"三个代表"重要思想为指导，深入贯彻落实科学发展观，坚定不移地贯彻落实党的全心全意依靠工人阶级的根本指导方针。

企业党组织应当加强对民主管理工作的领导和支持。

第二十一条 职工代表大会在其职权范围内依法审议通过的决议和事项具有约束力，非经职工代表大会同意不得变更或撤销。

企业应当提请职工代表大会审议、通过、决定的事项，未按照法定程序审议、通过或者决定的无效。

第二十二条 企业工会委员会是职工代表大会的工作机构，负责职工代表大会的日常工作，履行下列职责：

……

（六）在职工代表大会闭会期间，负责组织专门委员会（小组）和职工代表就企业职工代表大会决议的执行情况和职工代表大会提案的办理情况、厂务公开的实行情况等，开展巡视、检查、质询等监督活动；

（七）受理职工代表的申诉和建议，维护职工代表的合法权益；

（八）向职工进行民主管理的宣传教育，组织职工代表开展学习和培训，提高职工代表素质；

……

附 录

全民所有制工业企业职工代表大会条例

（1986年9月15日中共中央、国务院发布）

第一章 总 则

第一条 为保障全民所有制工业企业职工的民主管理权力，充分发挥职工的积极性、智慧和创造力，办好全民所有制工业企业，发展社会主义经济，特制定本条例。

第二条 企业在实行厂长负责制的同时，必须建立和健全职工代表大会（或职工大会，下同）制度和其他民主管理制度，保障与发挥工会组织和职工代表在审议企业重大决策、监督行政领导、维护职工合法权益等方面的权力和作用。

第三条 职工代表大会是企业实行民主管理的基本形式，是职工行使民主管理权力的机构。

企业工会委员会是职工代表大会的工作机构，负责职工代表大会的日常工作。

第四条 职工代表大会接受企业党的基层委员会（含不设基层委员会的党总支部委员会、支部委员会，以下简称党委）的思想政治领导，贯彻执行党和国家的方针、政策，正确处理国家、企业和职工三者利益关系，在法律规定的范围内行使职权。

第五条 职工代表大会应当积极支持厂长行使经营管理决策和统一指挥生产活动的职权。

第六条 职工代表大会实行民主集中制。

第二章 职　权

第七条 职工代表大会行使下列职权：

一、定期听取厂长的工作报告，审议企业的经营方针、长远和年度计划、重大技术改造和技术引进计划、职工培训计划、财务预决算、自有资金分配和使用方案，提出意见和建议，并就上述方案的实施作出决议；

二、审议通过厂长提出的企业的经济责任制方案、工资调整计划、奖金分配方案、劳动保护措施方案、奖惩办法及其他重要的规章制度；

三、审议决定职工福利基金使用方案、职工住宅分配方案和其他有关职工生活福利的重大事项；

四、评议、监督企业各级领导干部，并提出奖惩和任免的建议。

对工作卓有成绩的干部，可以建议给予奖励，包括晋级、提职。对不称职的干部，可以建议免职或降职。

对工作不负责任或者以权谋私，造成严重后果的干部，可以建议给予处分，直至撤职。

五、主管机关任命或者免除企业行政领导人员的职务时，必须充分考虑职工代表大会的意见。职工代表大会根据主管机关的部署，可以民主推荐厂长人选，也可以民主选举厂长，报主管机关审批。

第八条 代表大会对厂长在其职权范围内决定的问题有不同意见时，可以向厂长提出建议，也可以报告上级工会。

第九条 在职工代表大会上，可以由厂长代表行政、工会主席代表职工签订集体合同或共同协议，为企业发展的共同目标，互相承担义务，保证贯彻执行。

第三章　职工代表

第十条　按照法律规定享有政治权利的企业职工，均可当选为职工代表。

第十一条　职工代表的产生，应当以班组或者工段为单位，由职工直接选举。大型企业的职工代表，也可以由分厂或者车间的职工代表相互推选产生。

第十二条　职工代表中应当有工人、技术人员、管理人员、领导干部和其他方面的职工。其中企业和车间、科室行政领导干部一般为职工代表总数的五分之一。青年职工和女职工应当占适当比例。

为了吸收有经验的技术人员、经营管理人员参加职工代表大会，可以在企业或者车间范围内，经过民主协商，推选一部分代表。

职工代表按分厂、车间、科室（或若干科室）组成代表团（组），推选团（组）长。

第十三条　职工代表实行常任制，每两年改选一次，可以连选连任。

职工代表对选举单位的职工负责。选举单位的职工有权监督或者撤换本单位的职工代表。

第十四条　职工代表的权利：

一、在职工代表大会上，有选举权、被选举权和表决权；

二、有权参加职工代表大会及其工作机构对企业执行职工代表大会决议和提案落实情况的检查，有权参加对企业行政领导人员的质询；

三、因参加职工代表大会组织的各项活动而占用生产或者工作时间，有权按照正常出勤享受应得的待遇。

对职工代表行使民主权力，任何组织和个人不得压制、阻挠和打击报复。

第十五条 职工代表的义务：

一、努力学习党和国家的方针、政策、法律、法规，不断提高政治觉悟、技术业务水平和参加管理的能力；

二、密切联系群众，代表职工合法利益，如实反映职工群众的意见和要求，认真执行职工代表大会的决议，做好职工代表大会交给的各项工作；

三、模范遵守国家的法律、法规和企业的规章制度、劳动纪律，做好本职工作。

第四章　组织制度

第十六条 职工代表大会选举主席团主持会议。主席团成员应有工人、技术人员、管理人员和企业的领导干部。其中工人、技术人员、管理人员应超过半数。

第十七条 参加企业管理委员会的职工代表，由职工代表大会推选产生。

参加企业管理委员会的职工代表要向职工代表大会汇报工作，接受职工代表大会监督。职工代表大会有权撤换参加管理委员会的职工代表。

第十八条 职工代表大会至少每半年召开一次。每次会议必须有三分之二以上的职工代表出席。

遇有重大事项，经厂长、企业工会或三分之一以上职工代表的提议，可召开临时会议。

职工代表大会进行选举和作出决议，必须经全体职工代表过半数通过。

第十九条 职工代表大会应当围绕增强企业活力、促进技术进步、提高经济效益，针对企业经营管理、分配制度和职工生活等方面的重要问题确定议题。

第二十条 职工代表大会在其职权范围内决定的事项，非经职工代表大会同意不得修改。

第二十一条 职工代表大会可根据需要，设立若干精干的临时的或经常性的专门小组（或专门委员会，下同），完成职工代表大会交办的有关事项。其主要工作是：审议提交职工代表大会的有关议案；在职工代表大会闭会期间，根据职工代表大会的授权，审定属本专门小组分工范围内需要临时决定的问题，并向职工代表大会报告予以确认；检查、督促有关部门贯彻执行职工代表大会决议和职工提案的处理；办理职工代表大会交办的其他事项。

专门小组进行活动需要占用生产或者工作时间，有权按照正常出勤享受应得的待遇，但需经厂长同意。各专门小组的人选，一般在职工代表中提名；也可以聘请非职工代表，但必须经职工代表大会通过。

各专门小组对职工代表大会负责。

第二十二条 职工代表大会闭会期间，需要临时解决的重要问题，由企业工会委员会召集职工代表团（组）长和专门小组负责人联席会议，协商处理，并向下一次职工代表大会报告予以确认。

联席会议可以根据会议内容邀请企业党政负责人或其他有关人员参加。

第五章 职工代表大会与工会

第二十三条 企业工会委员会作为职工代表大会的工作机构承担下列工作：

一、组织职工选举职工代表；

二、提出职工代表大会议题的建议，主持职工代表大会的筹备工作和会议的组织工作；

三、主持职工代表团（组）长、专门小组负责人联席会议；

四、组织专门小组进行调查研究，向职工代表大会提出建议，检查督促大会决议的执行情况，发动职工落实职工代表大会决议；

五、向职工进行民主管理的宣传教育，组织职工代表学习政策、业务和管理知识，提高职工代表素质；

六、接受和处理职工代表的申诉和建议，维护职工代表的合法权益；

七、组织企业民主管理的其他工作。

第二十四条　上级工会有指导、支持和维护职工代表大会正确行使职权的责任。

第六章　车间、班组的民主管理

第二十五条　车间（分厂）可以根据具体情况，采取职工大会或职工代表大会、职工代表组等形式，对本单位权限范围内的事务行使民主管理的权力。

车间（分厂）民主管理的日常工作，由车间（分厂）工会委员会主持。

第二十六条　班组的民主管理，由职工直接参加，在本班组的工会组长和职工代表的主持下开展活动，也可以根据需要推选若干民主管理员，负责班组的日常民主管理。

第七章 附 则

第二十七条 本条例原则上适用于全民所有制交通运输、邮电、地质、建筑施工、农林、水利等企业。

第二十八条 本条例由中华全国总工会负责解释。

第二十九条 本条例自一九八六年十月一日起施行。

中华人民共和国城镇集体所有制企业条例

(1991年9月9日中华人民共和国国务院令第88号发布，根据2011年1月8日《国务院关于废止和修改部分行政法规的决定》第一次修订，根据2016年2月6日《国务院关于修改部分行政法规的决定》第二次修订)

第一章 总 则

第一条 为了保障城镇集体所有制经济的巩固和发展，明确城镇集体所有制企业的权利和义务，维护其合法权益，制定本条例。

第二条 本条例适用于城镇的各种行业、各种组织形式的集体所有制企业，但乡村农民集体举办的企业除外。

第三条 城镇集体所有制经济是我国社会主义公有制经济的一个基本组成部分，国家鼓励和扶持城镇集体所有制经济的发展。

第四条 城镇集体所有制企业（以下简称集体企业）是财产属于

劳动群众集体所有、实行共同劳动、在分配方式上以按劳分配为主体的社会主义经济组织。

前款所称劳动群众集体所有，应当符合下列中任一项的规定：

（一）本集体企业的劳动群众集体所有；

（二）集体企业的联合经济组织范围内的劳动群众集体所有；

（三）投资主体为两个或者两个以上的集体企业，其中前（一）、（二）项劳动群众集体所有的财产应当占主导地位。本项所称主导地位，是指劳动群众集体所有的财产占企业全部财产的比例，一般情况下应不低于51%，特殊情况经过原审批部门批准，可以适当降低。

第五条 集体企业应当遵循的原则是：自愿组合、自筹资金，独立核算、自负盈亏、自主经营、民主管理，集体积累、自主支配，按劳分配、入股分红。

集体企业应当发扬艰苦奋斗、勤俭建国的精神，走互助合作、共同富裕的道路。

第六条 集体企业依法取得法人资格，以其全部财产独立承担民事责任。

集体企业的财产及其合法权益受国家法律保护，不受侵犯。

第七条 集体企业的任务是：根据市场和社会需求，在国家计划指导下，发展商品生产，扩大商品经营，开展社会服务，创造财富，增加积累，不断提高经济效益和社会效益，繁荣社会主义经济。

第八条 集体企业的职工是企业的主人，依照法律、法规和集体企业章程行使管理企业的权力。集体企业职工的合法权益受法律保护。

第九条 集体企业依照法律规定实行民主管理。职工（代表）大会是集体企业的权力机构，由其选举和罢免企业管理人员，决定经营管理的重大问题。

集体企业实行厂长（经理）负责制。

集体企业职工的民主管理权和厂长（经理）依法行使职权，均受法律保护。

第十条 中国共产党在集体企业的基层组织是集体企业的政治领导核心，领导企业的思想政治工作，保证监督党和国家的方针、政策在本企业的贯彻执行。

第十一条 集体企业的工会维护职工的合法权益，依法独立自主地开展工作，组织职工参加民主管理和民主监督。

第二章 集体企业的设立、变更和终止

第十二条 集体企业的设立必须具备下列条件：

（一）有企业名称、组织机构和企业章程；

（二）有固定的生产经营场所、必要的设施并符合规定的安全卫生条件；

（三）有符合国家规定并与其生产经营和服务规模相适应的资金数额和从业人员；

（四）有明确的经营范围；

（五）能够独立承担民事责任；

（六）法律、法规规定的其他条件。

第十三条 集体企业章程必须载明下列事项：

（一）企业名称和住所；

（二）经营范围和经营方式；

（三）注册资金；

（四）资金来源和投资方式；

（五）收入分配方式；

（六）组织机构及其职权和议事规则；

（七）职工加入和退出企业的条件和程序；

（八）职工的权利和义务；

（九）法定代表人的产生程序及其职权范围；

（十）企业终止的条件和程序；

（十一）章程的修订程序；

（十二）章程订立日期；

（十三）需要明确的其他事项。

第十四条 设立集体企业应当经省、自治区、直辖市人民政府规定的审批部门批准。

设立集体企业的审批部门，法律、法规有专门规定的，从其规定。

集体企业应当在核准登记的经营范围内从事生产经营活动。

第十五条 集体企业的合并、分立、停业、迁移或者主要登记事项的变更，必须符合国家的有关规定，由企业提出申请，报经原审批部门批准。

第十六条 集体企业的合并和分立，应当遵照自愿平等的原则，由有关各方依法签订协议，处理好债权债务、其他财产关系和遗留问题，妥善安置企业人员。

合并、分立前的集体企业的权利和义务，由合并、分立后的法人享有和承担。

第十七条 集体企业有下列原因之一的，应当予以终止：

（一）企业无法继续经营而申请解散，经原审批部门批准；

（二）依法被撤销；

（三）依法宣告破产；

（四）其他原因。

第十八条 集体企业终止，应当依照国家有关规定清算企业财产。企业财产按下列顺序清偿各种债务和费用：

（一）清算工作所需各项费用；

（二）所欠职工工资和劳动保险费用；

（三）所欠税款；

（四）所欠银行和信用合作社贷款以及其他债务。

不足清偿同一顺序的清偿要求的，按照比例分配。

第十九条　集体企业财产清算后的剩余财产，按照下列办法处理：

（一）有国家、本企业外的单位和个人以及本企业职工个人投资入股的，应当依照其投资入股金额占企业总资产的比例，从企业剩余财产中按相同的比例偿还；

（二）其余财产，由企业上级管理机构作为该企业职工待业和养老救济、就业安置和职业培训等费用，专款专用，不得挪作他用。

第二十条　集体企业终止，必须依照《中华人民共和国企业法人登记管理条例》的规定办理注销登记并公告。

第三章　集体企业的权利和义务

第二十一条　集体企业在国家法律、法规的规定范围内享有下列权利：

（一）对其全部财产享有占有、使用、收益和处分的权利，拒绝任何形式的平调；

（二）自主安排生产、经营、服务活动；

（三）除国家规定由物价部门和有关主管部门控制价格的以外，企业有权自行确定产品价格、劳务价格；

（四）企业有权依照国家规定与外商谈判并签订合同，提取和使用分成的外汇收入；

（五）依照国家信贷政策的规定向有关专业银行申请贷款；

（六）依照国家规定确定适合本企业情况的经济责任制形式、工资形式和奖金、分红办法；

（七）享受国家政策规定的各种优惠待遇；

（八）吸收职工和其他企业、事业单位、个人集资入股，与其他企业、事业单位联营，向其他企业、事业单位投资，持有其他企业的股份；

（九）按照国家规定决定本企业的机构设置、人员编制、劳动组织形式和用工办法，录用和辞退职工；

（十）奖惩职工。

第二十二条 集体企业应当承担下列义务：

（一）遵守国家法律、法规，接受国家计划指导；

（二）依法缴纳税金和交纳费用；

（三）依法履行合同；

（四）改善经营管理，推进技术进步，提高经济效益；

（五）保证产品质量和服务质量，对用户和消费者负责；

（六）贯彻安全生产制度，落实劳动保护和环境保护措施；

（七）做好企业内部的安全保卫工作；

（八）维护职工合法权益，尊重职工的民主管理权利，改善劳动条件，做好计划生育工作，提高职工物质文化生活水平；

（九）加强对职工的思想政治教育、法制教育、国防教育、科学文化教育和技术业务培训，提高职工队伍素质。

第二十三条 集体企业有权按照国家规定自愿组建、参加和退出集体企业的联合经济组织，并依照该联合经济组织的章程规定，享受权利，承担义务。

第四章　职工和职工（代表）大会

第二十四条　凡本人提出申请，承认并遵守集体企业章程，被企业招收，即可成为该集体企业的职工。

第二十五条　职工依照法律、法规的规定，在集体企业内享有下列权利：

（一）企业各级管理职务的选举权和被选举权；

（二）参加企业民主管理，监督企业各项活动和管理人员的工作；

（三）参加劳动并享受劳动报酬、劳动保护、劳动保险、医疗保健和休息、休假的权利；

（四）接受职业技术教育和培训，按照国家规定评定业务技术职称；

（五）辞职；

（六）享受退休养老待遇；

（七）其他权利。

第二十六条　职工应当履行下列义务：

（一）遵守国家的法律、法规和集体企业的规章制度、劳动纪律，以企业主人的态度从事劳动，做好本职工作；

（二）执行职工（代表）大会决议，完成任务；

（三）维护企业的集体利益；

（四）努力学习政治、文化和科技知识，不断提高自身素质；

（五）法律、法规和企业章程规定的其他义务。

第二十七条　集体企业必须建立、健全职工（代表）大会制度：

（一）100人以下的集体企业，建立职工大会制度；

（二）300人以上的集体企业建立职工代表大会制度；

（三）100人以上300人以下的集体企业，建立职工大会或者职工代表大会制度，由企业自定。

职工代表大会代表由职工选举产生。代表应当是思想进步、工作积极、联系群众、有参加民主管理能力的职工。

第二十八条　集体企业的职工（代表）大会在国家法律、法规的规定范围内行使下列职权：

（一）制定、修改集体企业章程；

（二）按照国家规定选举、罢免、聘用、解聘厂长（经理）、副厂长（副经理）；

（三）审议厂长（经理）提交的各项议案，决定企业经营管理的重大问题；

（四）审议并决定企业职工工资形式、工资调整方案、奖金和分红方案、职工住宅分配方案和其他有关职工生活福利的重大事项；

（五）审议并决定企业的职工奖惩办法和其他重要规章制度；

（六）法律、法规和企业章程规定的其他职权。

第二十九条　职工（代表）大会依照企业章程规定定期召开，但每年不得少于两次。

第三十条　集体企业的职工代表大会，可以设立常设机构，负责职工代表大会闭会期间的工作。

常设机构的人员组成、产生方式、职权范围及名称，由集体企业职工代表大会规定，报上级管理机构备案。

第五章　厂长（经理）

第三十一条　集体企业实行厂长（经理）负责制。厂长（经理）对企业职工（代表）大会负责，是集体企业的法定代表人。

第三十二条 厂长（经理）由企业职工代表大会选举或者招聘产生。选举和招聘的具体办法，由省、自治区、直辖市人民政府规定。

由集体企业联合经济组织投资开办的集体企业，其厂长（经理）可以由该联合经济组织任免。

投资主体多元化的集体企业，其中国家投资达到一定比例的，其厂长（经理）可以由上级管理机构按照国家有关规定任免。

第三十三条 厂长（经理）应当具备下列条件：

（一）懂得有关法律、法规和方针、政策，坚持企业的社会主义经营方向；

（二）熟悉本行业业务，善于经营管理，有组织领导能力；

（三）热爱集体、廉洁奉公，联系群众，有民主作风；

（四）法律、法规规定的其他条件。

第三十四条 厂长（经理）在法律、法规的规定范围内行使下列职权：

（一）领导和组织企业日常生产经营和行政工作；

（二）主持编制并向职工（代表）大会提出企业的中长期发展规划、年度生产经营计划、固定资产投资方案；

（三）主持编制并向职工（代表）大会提出企业机构设置的方案，决定劳动组织的调整方案；

（四）按照国家规定任免或者聘任、解聘企业中层行政领导干部，但法律、法规另有规定的，从其规定；

（五）提出企业年度财务预算、决算方案和利润分配方案；

（六）提出企业的经济责任制方案、工资调整方案、劳动保护措施方案、奖惩办法和其他重要的规章制度；

（七）奖惩职工；

（八）遇到特殊情况时，提出召开职工（代表）大会的建议；

（九）企业章程规定的其他职权。

第三十五条 厂长（经理）有下列职责：

（一）贯彻执行党和国家的方针、政策，遵守国家的法律、法规，执行职工（代表）大会的决议；

（二）组织职工完成企业生产经营任务和各项经济技术指标，推进企业技术进步，提高经济效益，增强企业发展能力；

（三）严格遵守财经纪律，坚持民主理财，定期向职工公布财务账目；

（四）保护企业的合法权益和职工在企业内的正当权利；

（五）办好职工生活福利和逐步开展职工养老、待业等保险；

（六）组织落实安全卫生措施，实现安全文明生产；

（七）定期向本企业职工（代表）大会报告工作，听取意见，并接受监督；

（八）法律、法规和企业章程规定的其他职责。

第六章 财产管理和收益分配

第三十六条 集体企业应当按照本章规定进行清产核资，明确其财产所有权的归属。

第三十七条 集体企业的公共积累，归本企业劳动群众集体所有。

第三十八条 集体企业的联合经济组织的投资，归该联合经济组织范围内的劳动群众集体所有。

集体企业联合经济组织设立的互助合作基金，应当主要用于该组织范围内发展生产和推进共同富裕。

第三十九条 在企业、事业单位、社会团体等扶持下设立的集体企业，其扶持资金可按下列办法之一处理：

（一）作为企业向扶持单位的借用款，按双方约定的方法和期限由企业归还扶持单位；

（二）作为扶持单位对企业的投资，按其投资占企业总资产的比例，参与企业的利润分配。

企业、事业单位、社会团体等的扶持资金的来源，必须符合国家财政主管部门的有关规定。

企业、事业单位、社会团体等与其扶持设立的集体企业，应当明确划清产权和财务关系。扶持单位不得干预集体企业的经营管理活动，集体企业也不得依赖扶持单位。

第四十条 职工股金，归职工个人所有。

第四十一条 集体企业外的单位和个人的投资，归投资者所有。

第四十二条 职工股金和集体企业吸收的各种投资，投资者可以依法转让或者继承。

第四十三条 集体企业必须保证财产的完整性，合理使用、有效经营企业的财产。

第四十四条 集体企业的收益分配，必须遵循兼顾国家、集体和个人三者利益的原则。

第四十五条 集体企业必须执行国家有关财务、会计制度，接受审计监督，加强企业内部的财务管理。

第四十六条 集体企业的税后利润，由企业依法自主支配。企业应当按照国家规定确定公积金、公益金、劳动分红和股金分红的比例。

第四十七条 集体企业职工的劳动报酬必须坚持按劳分配的原则。具体分配形式和办法由企业自行确定。

第四十八条 集体企业的股金分红要同企业盈亏相结合。企业盈利，按股分红；企业亏损，在未弥补亏损之前，不得分红。

第四十九条 集体企业必须依照国家规定提取职工养老、待业等保险基金。职工养老、待业等保险基金按国家规定在征收所得税前提取，专项储存，专款专用。

第七章　集体企业和政府的关系

第五十条　各级人民政府应当把发展城镇集体经济纳入各级政府的国民经济和社会发展计划，从各方面给予扶持和指导，保障城镇集体经济的健康发展。

第五十一条　国务院城镇集体经济的主管机构，负责全国城镇集体经济的宏观指导和管理，其主要职责是：拟订城镇集体经济的发展政策和法律法规，协调全国城镇集体经济发展中的重大问题，组织有关方面监督、检查集体企业政策、法规的执行情况。

第五十二条　市（含县级市，下同）以上人民政府应当根据城镇集体经济发展的需要，确定城镇集体企业的指导部门，加强对集体企业的政策指导，协调当地城镇集体经济发展中的问题，组织有关方面监督、检查集体企业政策、法规的执行情况。

第五十三条　政府有关行业管理部门，应当依照法律、法规的规定，在各自的职责范围内，负责本行业集体企业的行业指导和管理工作。

第五十四条　各级人民政府的其他有关部门，依法对集体企业进行监督和提供服务。

第五十五条　国家保护集体企业的合法权益。

任何政府部门及其他单位和个人不得改变集体企业的集体所有制性质和损害集体企业的财产所有权，不得向集体企业摊派人力、物力、财力，不得干预集体企业的生产经营和民主管理。

第八章　法律责任

第五十六条　集体企业有下列行为之一的，由工商行政管理机关依照国家有关法律、法规的规定给予行政处罚：

（一）登记时弄虚作假或者不按规定申请变更登记的；

（二）违反核准登记事项或者超越核准登记的经营范围从事经营活动的；

（三）利用分立、合并、终止和清算等行为抽逃资金、隐匿和私分财产的；

（四）其他违法行为。

第五十七条　集体企业因生产、销售伪劣商品，给用户和消费者造成财产损失和人身伤害的，应当承担赔偿责任；构成犯罪的，对负有直接责任的集体企业领导人员和其他直接责任人员依法追究刑事责任。

第五十八条　任何单位或者个人违反本条例规定，向集体企业摊派或者侵吞、挪用集体企业财产的，必须赔偿。对负有直接责任的主管人员和其他直接责任人员，由有关主管机关根据情节轻重，给予行政处分；构成犯罪的，依法追究刑事责任。

第五十九条　集体企业领导人员滥用职权，侵犯职工合法权益，情节严重的，由上级管理机构按照干部管理权限给予行政处分；滥用职权，假公济私，对职工进行报复陷害的，依法追究刑事责任。

第六十条　集体企业的领导人员或者政府有关部门的工作人员，因工作过失给企业造成损失的，由企业的上级管理机构或者政府有关部门按照干部的管理权限给予行政处分。

集体企业的领导人员和政府有关部门的工作人员玩忽职守，致使集体企业财产、利益遭受重大损失，构成犯罪的，依法追究刑事责任。

第六十一条 集体企业违反本条例有关集体企业领导人员的产生、罢免条件和程序规定的，上级管理机构应当予以纠正，并追究直接责任人员的行政责任。

集体企业上级管理机构违反本条例有关集体企业领导人员产生、罢免条件和程序规定的，其上一级主管部门应当予以纠正；情节严重的，应当追究直接责任人员的行政责任。

第六十二条 扰乱集体企业的秩序，致使生产、营业、工作不能正常进行或者无法进行的，由公安机关依据《中华人民共和国治安管理处罚法》予以处罚；构成犯罪的，依法追究刑事责任。

第九章 附 则

第六十三条 集体企业联合经济组织的组建和管理办法，另行制定。

第六十四条 集体所有制的各类公司的管理，按照国家有关公司的法律、法规执行。

第六十五条 城镇中的文教、卫生、科研等集体所有制事业单位参照本条例执行。

供销合作社的管理办法，另行制定。

第六十六条 劳动就业服务性集体企业应当遵循本条例规定的原则，具体管理办法按国务院发布的《劳动就业服务企业管理规定》执行。

集中安置残疾人员的福利性集体企业的管理办法，根据本条例的原则另行制定。

第六十七条 军队扶持开办的集体企业的管理办法，由中国人民解放军总后勤部根据本条例规定的原则另行制定。

第六十八条 各省、自治区、直辖市人民政府和国务院各行业主管部门，可以根据本条例并结合本地区、本行业的具体情况，制定本条例的实施细则。

第六十九条 本条例自1992年1月1日起施行。

企业民主管理规定

（总工发〔2012〕12号）

第一章 总 则

第一条 为完善以职工代表大会为基本形式的企业民主管理制度，推进厂务公开，支持职工参与企业管理，维护职工合法权益，构建和谐劳动关系，促进企业持续健康发展，加强基层民主政治建设，依据宪法和相关法律，制定本规定。

第二条 企业民主管理工作应当坚持党的领导，以邓小平理论和"三个代表"重要思想为指导，深入贯彻落实科学发展观，坚定不移地贯彻落实党的全心全意依靠工人阶级的根本指导方针。

企业党组织应当加强对民主管理工作的领导和支持。

第三条 职工代表大会（或职工大会，下同）是职工行使民主管理权力的机构，是企业民主管理的基本形式。

企业应当按照合法、有序、公开、公正的原则，建立以职工代表大会为基本形式的民主管理制度，实行厂务公开，推行民主管理。公司制企业（以下简称公司）应当依法建立职工董事、职工监事制度。

企业应当尊重和保障职工依法享有的知情权、参与权、表达权和监督权等民主权利,支持职工参加企业管理活动。

第四条 企业职工应当尊重和支持企业依法行使管理职权,积极参与企业管理。

第五条 企业工会应当组织职工依法开展企业民主管理,维护职工合法权益。

上级工会应当指导和帮助企业工会和职工依法开展企业民主管理活动,对企业实行民主管理的情况进行监督。

第六条 企业代表组织应当推动企业实行民主管理,促进企业健康发展。

第七条 各级党委纪检部门、组织部门,各级人民政府国有资产监督管理机构和监察机关等有关部门应当依照各自职责,对企业民主管理工作进行指导、检查和监督。

第二章 职工代表大会制度

第一节 职工代表大会组织制度和职权

第八条 企业可以根据职工人数确定召开职工代表大会或者职工大会。

企业召开职工代表大会的,职工代表人数按照不少于全体职工人数的百分之五确定,最少不少于三十人。职工代表人数超过一百人的,超出的代表人数可以由企业与工会协商确定。

第九条 职工代表大会的代表由工人、技术人员、管理人员、企业领导人员和其他方面的职工组成。其中,企业中层以上管理人员和领导人员一般不得超过职工代表总人数的百分之二十。有女职工和劳务派遣职工的企业，职工代表中应当有适当比例的女职工和劳务派遣职工代表。

第十条 职工代表大会每届任期为三年至五年。具体任期由职工代表大会根据本单位的实际情况确定。

职工代表大会因故需要提前或者延期换届的，应当由职工代表大会或者其授权的机构决定。

第十一条 职工代表大会根据需要，可以设立若干专门委员会（小组），负责办理职工代表大会交办的事项。专门委员会（小组）成员人选必须经职工代表大会审议通过。

第十二条 职工代表按照基层选举单位组成代表团（组），并推选团（组）长。可以设立职工代表大会团（组）长和专门委员会（小组）负责人联席会议，根据职工代表大会授权，在职工代表大会闭会期间负责处理临时需要解决的重要问题，并提请下一次职工代表大会确认。

联席会议由企业工会负责召集，联席会议可以根据会议内容邀请企业领导人员或其他有关人员参加。

第十三条 职工代表大会行使下列职权：

（一）听取企业主要负责人关于企业发展规划、年度生产经营管理情况，企业改革和制定重要规章制度情况，企业用工、劳动合同和集体合同签订履行情况，企业安全生产情况，企业缴纳社会保险费和住房公积金情况等报告，提出意见和建议；

审议企业制定、修改或者决定的有关劳动报酬、工作时间、休息休假、劳动安全卫生、保险福利、职工培训、劳动纪律以及劳动定额管理等直接涉及劳动者切身利益的规章制度或者重大事项方案，提出意见和建议；

（二）审议通过集体合同草案，按照国家有关规定提取的职工福利基金使用方案、住房公积金和社会保险费缴纳比例和时间的调整方案，劳动模范的推荐人选等重大事项；

（三）选举或者罢免职工董事、职工监事，选举依法进入破产程序企业的债权人会议和债权人委员会中的职工代表，根据授权推荐或者选举企业经营管理人员；

（四）审查监督企业执行劳动法律法规和劳动规章制度情况，民主评议企业领导人员，并提出奖惩建议；

（五）法律法规规定的其他职权。

第十四条 国有企业和国有控股企业职工代表大会除按第十三条规定行使职权外，行使下列职权：

（一）听取和审议企业经营管理主要负责人关于企业投资和重大技术改造、财务预决算、企业业务招待费使用等情况的报告，专业技术职称的评聘、企业公积金的使用、企业的改制等方案，并提出意见和建议；

（二）审议通过企业合并、分立、改制、解散、破产实施方案中职工的裁减、分流和安置方案；

（三）依照法律、行政法规、行政规章规定的其他职权。

第十五条 县级以下一定区域内或者性质相近的行业内的若干尚不具备单独建立职工代表大会制度条件的中小企业，可以通过选举代表联合建立区域（行业）职工代表大会制度，开展企业民主管理活动。

工会负责组织建立区域（行业）职工代表大会制度。区域（行业）工会作为区域（行业）职工代表大会的工作机构承担日常工作。

第十六条 集团企业的总部机关和各分公司、分厂、车间以及其他分支机构可以按照一定比例选举产生职工代表，召开集团企业职工代表大会，实行企业民主管理。

集团企业的总部机关和各分公司、分厂、车间以及其他分支机构，按照本规定建立职工代表大会制度，在各自的职权范围内分别开展民主管理活动。

第二节 职工代表大会工作制度

第十七条 职工代表大会每年至少召开一次。职工代表大会全体会议必须有三分之二以上的职工代表出席。

第十八条 职工代表大会议题和议案应当由企业工会听取职工意见后与企业协商确定,并在会议召开七日前以书面形式送达职工代表。

第十九条 职工代表大会可以设主席团主持会议。主席团成员由企业工会与职工代表大会各团(组)协商提出候选人名单,经职工代表大会预备会议表决通过。其中,工人、技术人员、管理人员不少于百分之五十。

第二十条 职工代表大会选举和表决相关事项,必须按照少数服从多数的原则,经全体职工代表的过半数通过。对重要事项的表决,应当采用无记名投票的方式分项表决。

第二十一条 职工代表大会在其职权范围内依法审议通过的决议和事项具有约束力,非经职工代表大会同意不得变更或撤销。

企业应当提请职工代表大会审议、通过、决定的事项,未按照法定程序审议、通过或者决定的无效。

第二十二条 企业工会委员会是职工代表大会的工作机构,负责职工代表大会的日常工作,履行下列职责:

(一)提出职工代表大会代表选举方案,组织职工选举职工代表和代表团(组)长;

(二)征集职工代表提案,提出职工代表大会议题的建议;

(三)负责职工代表大会会议的筹备和组织工作,提出职工代表大会的议程建议;

(四)提出职工代表大会主席团组成方案和组成人员建议名单;提出专门委员会(小组)的设立方案和组成人员建议名单;

(五)向职工代表大会报告职工代表大会决议的执行情况和职工代

表大会提案的办理情况、厂务公开的实行情况等；

（六）在职工代表大会闭会期间，负责组织专门委员会（小组）和职工代表就企业职工代表大会决议的执行情况和职工代表大会提案的办理情况、厂务公开的实行情况等，开展巡视、检查、质询等监督活动；

（七）受理职工代表的申诉和建议，维护职工代表的合法权益；

（八）向职工进行民主管理的宣传教育，组织职工代表开展学习和培训，提高职工代表素质；

（九）建立和管理职工代表大会工作档案。

第三节　职工代表的产生和权利义务

第二十三条　与企业签订劳动合同建立劳动关系以及与企业存在事实劳动关系的职工，有选举和被选举为职工代表大会代表的权利。

依法终止或者解除劳动关系的职工代表，其代表资格自行终止。

第二十四条　职工代表应当以班组、工段、车间、科室等为基本选举单位由职工直接选举产生。规模较大、管理层次较多的企业的职工代表，可以由下一级职工代表大会代表选举产生。

第二十五条　选举、罢免职工代表，应当召开选举单位全体职工会议，会议应有三分之二以上职工参加。选举、罢免职工代表的决定，应经全体职工的过半数通过方为有效。

第二十六条　职工代表实行常任制，职工代表任期与职工代表大会届期一致，可以连选连任。

职工代表出现缺额时，原选举单位应按规定的条件和程序及时补选。

第二十七条　职工代表向选举单位的职工负责并报告工作，接受选举单位职工的监督。

第二十八条　职工代表享有下列权利：

（一）选举权、被选举权和表决权；

（二）参加职工代表大会及其工作机构组织的民主管理活动；

（三）对企业领导人员进行评议和质询；

（四）在职工代表大会闭会期间对企业执行职工代表大会决议情况进行监督、检查。

第二十九条 职工代表应当履行下列义务：

（一）遵守法律法规、企业规章制度，提高自身素质，积极参与企业民主管理；

（二）依法履行职工代表职责，听取职工对企业生产经营管理等方面的意见和建议，以及涉及职工切身利益问题的意见和要求，并客观真实地向企业反映；

（三）参加企业职工代表大会组织的各项活动，执行职工代表大会通过的决议，完成职工代表大会交办的工作；

（四）向选举单位的职工报告参加职工代表大会活动和履行职责情况，接受职工的评议和监督；

（五）保守企业的商业秘密和与知识产权相关的保密事项。

第三十条 职工代表履行职责受法律保护，任何组织和个人不得阻挠和打击报复。

职工代表在法定工作时间内依法参加职工代表大会及其组织的各项活动，企业应当正常支付劳动报酬，不得降低其工资和其他福利待遇。

第三章 厂务公开制度

第三十一条 企业应当建立和实行厂务公开制度，通过职工代表大会和其他形式，将企业生产经营管理的重大事项、涉及职工切身利益的规章制度和经营管理人员廉洁从业相关情况，按照一定程序向职工公开，听取职工意见，接受职工监督。

第三十二条 企业主要负责人是实行厂务公开的责任人。企业应当建立相应机构或者确定专人负责厂务公开工作。

第三十三条 企业实行厂务公开应当遵循合法、及时、真实、有利于职工权益维护和企业发展的原则。

实行厂务公开应当保守企业商业秘密以及与知识产权相关的保密事项。

第三十四条 企业应当向职工公开下列事项：

（一）经营管理的基本情况；

（二）招用职工及签订劳动合同的情况；

（三）集体合同文本和劳动规章制度的内容；

（四）奖励处罚职工、单方解除劳动合同的情况以及裁员的方案和结果，评选劳动模范和优秀职工的条件、名额和结果；

（五）劳动安全卫生标准、安全事故发生情况及处理结果；

（六）社会保险以及企业年金的缴费情况；

（七）职工教育经费提取、使用和职工培训计划及执行的情况；

（八）劳动争议及处理结果情况；

（九）法律法规规定的其他事项。

第三十五条 国有企业、集体企业及其控股企业除公开第十三条、第十四条和第三十四条规定的相关事项外，还应当公开下列事项：

（一）投资和生产经营管理重大决策方案等重大事项，企业中长期发展规划；

（二）年度生产经营目标及完成情况，企业担保，大额资金使用、大额资产处置情况，工程建设项目的招投标，大宗物资采购供应，产品销售和盈亏情况，承包租赁合同履行情况，内部经济责任制落实情况，重要规章制度制定等重大事项；

（三）职工提薪晋级、工资奖金收入分配情况；专业技术职称的评聘情况；

（四）中层领导人员、重要岗位人员的选聘和任用情况，企业领导人员薪酬、职务消费和兼职情况，以及出国出境费用支出等廉洁自律规定执行情况，职工代表大会民主评议企业领导人员的结果；

（五）依照国家有关规定应当公开的其他事项。

第四章　职工董事和职工监事制度

第三十六条　公司制企业应当依法建立职工董事和职工监事制度，支持职工代表大会选举产生的职工代表作为董事会、监事会成员参与公司决策、管理和监督，代表和维护职工合法权益，促进企业健康发展。

第三十七条　公司应当依法在公司章程中明确规定职工董事、职工监事的具体比例和人数。

第三十八条　职工董事、职工监事候选人由公司工会根据自荐、推荐情况，在充分听取职工意见的基础上提名，经职工代表大会全体代表的过半数通过方可当选，并报上一级工会组织备案。

工会主席、副主席应当作为职工董事、职工监事候选人人选。

第三十九条　公司高级管理人员和监事不得兼任职工董事；公司高级管理人员和董事不得兼任职工监事。

第四十条　职工董事、职工监事的任期与公司其他董事、监事的任期相同，可以连选连任。

第四十一条　职工董事、职工监事不履行职责或者有严重过错的，经三分之一以上的职工代表联名提议，职工代表大会全体代表的过半数通过可以罢免。

职工董事、职工监事出现空缺时，由公司工会依照本规定第三十七条的规定提出替补人选，提请职工代表大会民主选举产生。

第四十二条　职工董事依法行使下列权利：

（一）参加董事会会议，行使董事的发言权和表决权；

（二）就涉及职工切身利益的规章制度或者重大事项，提请召开董事会会议，反映职工的合理要求，维护职工合法权益；

（三）列席与其职责相关的公司行政办公会议和有关生产经营工作的重要会议；

（四）要求公司工会、公司有关部门和机构通报有关情况并提供相关资料；

（五）法律法规和公司章程规定的其他权利。

第四十三条　职工监事依法行使下列权利：

（一）参加监事会会议，行使监事的发言权和表决权；

（二）就涉及职工切身利益的规章制度或者重大事项，提议召开监事会会议；

（三）监督公司的财务情况和公司董事、高级管理人员执行公司职务的行为；监督检查公司对涉及职工切身利益的法律法规、公司规章制度贯彻执行情况；劳动合同和集体合同的履行情况；

（四）列席董事会会议，并对董事会决议事项提出质询或者建议；列席与其职责相关的公司行政办公会议和有关生产经营工作的重要会议；

（五）要求公司工会、公司有关部门和机构通报有关情况并提供相关资料；

（六）法律法规和公司章程规定的其他权利。

第四十四条　职工董事、职工监事应当履行下列义务：

（一）遵守法律法规，遵守公司章程及各项规章制度，保守公司秘密，认真履行职责；

（二）定期听取职工的意见和建议，在董事会、监事会上真实、准确、全面地反映职工的意见和建议；

（三）定期向职工代表大会述职和报告工作，执行职工代表大会的有关决议，在董事会、监事会会议上，对职工代表大会作出决议的事项，应当按照职工代表大会的相关决议发表意见，行使表决权；

（四）法律法规和公司章程规定的其他义务。

第四十五条 公司应当保障职工董事、职工监事依照法律法规和公司章程开展工作，为职工董事、职工监事履行职责提供必要的工作条件。

第四十六条 职工董事、职工监事在任职期间，除法定情形外，公司不得与其解除劳动合同。

第四十七条 职工董事、职工监事与公司的其他董事、监事享有同等的权利，承担相应的义务。

第五章 附 则

第四十八条 各地区、各有关部门和各企业根据本规定制定实施办法，推进企业民主管理工作。

第四十九条 集体企业依照《城镇集体所有制企业条例》等有关法律法规规定实行民主管理。

第五十条 本规定自发布之日起施行。

中共中央纪律检查委员会　中共中央组织部
国务院国有资产监督管理委员会　监察部
中华全国总工会　中华全国工商业联合会
2012年2月13日

学校教职工代表大会规定

(教育部第 32 号令)

第一章　总　则

第一条　为依法保障教职工参与学校民主管理和监督，完善现代学校制度，促进学校依法治校，依据教育法、教师法、工会法等法律，制定本规定。

第二条　本规定适用于中国境内公办的幼儿园和各级各类学校（以下统称学校）。

民办学校、中外合作办学机构参照本规定执行。

第三条　学校教职工代表大会（以下简称教职工代表大会）是教职工依法参与学校民主管理和监督的基本形式。

学校应当建立和完善教职工代表大会制度。

第四条　教职工代表大会应当高举中国特色社会主义伟大旗帜，以马克思列宁主义、毛泽东思想、邓小平理论和"三个代表"重要思想为指导，深入贯彻落实科学发展观，全面贯彻执行党的基本路线和教育方针，认真参与学校民主管理和监督。

第五条　教职工代表大会和教职工代表大会代表应当遵守国家法律法规，遵守学校规章制度，正确处理国家、学校、集体和教职工的利益关系。

第六条　教职工代表大会在中国共产党学校基层组织的领导下开展

工作。教职工代表大会的组织原则是民主集中制。

第二章 职 权

第七条 教职工代表大会的职权是：

（一）听取学校章程草案的制定和修订情况报告，提出修改意见和建议；

（二）听取学校发展规划、教职工队伍建设、教育教学改革、校园建设以及其他重大改革和重大问题解决方案的报告，提出意见和建议；

（三）听取学校年度工作、财务工作、工会工作报告以及其他专项工作报告，提出意见和建议；

（四）讨论通过学校提出的与教职工利益直接相关的福利、校内分配实施方案以及相应的教职工聘任、考核、奖惩办法；

（五）审议学校上一届（次）教职工代表大会提案的办理情况报告；

（六）按照有关工作规定和安排评议学校领导干部；

（七）通过多种方式对学校工作提出意见和建议，监督学校章程、规章制度和决策的落实，提出整改意见和建议；

（八）讨论法律法规规章规定的以及学校与学校工会商定的其他事项。

教职工代表大会的意见和建议，以会议决议的方式做出。

第八条 学校应当建立健全沟通机制，全面听取教职工代表大会提出的意见和建议，并合理吸收采纳；不能吸收采纳的，应当做出说明。

第三章 教职工代表大会代表

第九条 凡与学校签订聘任聘用合同、具有聘任聘用关系的教职工，均可当选为教职工代表大会代表。

教职工代表大会代表占全体教职工的比例，由地方省级教育等部门确定；地方省级教育等部门没有确定的，由学校自主确定。

第十条　教职工代表大会代表以学院、系（所、年级）、室（组）等为单位，由教职工直接选举产生。

教职工代表大会代表可以按照选举单位组成代表团（组），并推选出团（组）长。

第十一条　教职工代表大会代表以教师为主体，教师代表不得低于代表总数的60%，并应当根据学校实际，保证一定比例的青年教师和女教师代表。民族地区的学校和民族学校，少数民族代表应当占有一定比例。

教职工代表大会代表接受选举单位教职工的监督。

第十二条　教职工代表大会代表实行任期制，任期3年或5年，可以连选连任。

选举、更换和撤换教职工代表大会代表的程序，由学校根据相关规定，并结合本校实际予以明确规定。

第十三条　教职工代表大会代表享有以下权利：

（一）在教职工代表大会上享有选举权、被选举权和表决权；

（二）在教职工代表大会上充分发表意见和建议；

（三）提出提案并对提案办理情况进行询问和监督；

（四）就学校工作向学校领导和学校有关机构反映教职工的意见和要求；

（五）因履行职责受到压制、阻挠或者打击报复时，向有关部门提出申诉和控告。

第十四条　教职工代表大会代表应当履行以下义务：

（一）努力学习并认真执行党的路线方针政策、国家的法律法规、党和国家关于教育改革发展的方针政策，不断提高思想政治素质和参与民主管理的能力；

（二）积极参加教职工代表大会的活动，认真宣传、贯彻教职工代表大会决议，完成教职工代表大会交给的任务；

（三）办事公正，为人正派，密切联系教职工群众，如实反映群众的意见和要求；

（四）及时向本部门教职工通报参加教职工代表大会活动和履行职责的情况，接受评议监督；

（五）自觉遵守学校的规章制度和职业道德，提高业务水平，做好本职工作。

第四章 组织规则

第十五条 有教职工 80 人以上的学校，应当建立教职工代表大会制度；不足 80 人的学校，建立由全体教职工直接参加的教职工大会制度。

学校根据实际情况，可在其内部单位建立教职工代表大会制度或者教职工大会制度，在该范围内行使相应的职权。

教职工大会制度的性质、领导关系、组织制度、运行规则等，与教职工代表大会制度相同。

第十六条 学校应当遵守教职工代表大会的组织规则，定期召开教职工代表大会，支持教职工代表大会的活动。

第十七条 教职工代表大会每学年至少召开一次。

遇有重大事项，经学校、学校工会或 1/3 以上教职工代表大会代表提议，可以临时召开教职工代表大会。

第十八条 教职工代表大会每 3 年或 5 年为一届。期满应当进行换届选举。

第十九条　教职工代表大会须有 2/3 以上教职工代表大会代表出席。

教职工代表大会根据需要可以邀请离退休教职工等非教职工代表大会代表，作为特邀或列席代表参加会议。特邀或列席代表在教职工代表大会上不具有选举权、被选举权和表决权。

第二十条　教职工代表大会的议题，应当根据学校的中心工作、教职工的普遍要求，由学校工会提交学校研究确定，并提请教职工代表大会表决通过。

第二十一条　教职工代表大会的选举和表决，须经教职工代表大会代表总数半数以上通过方为有效。

第二十二条　教职工代表大会在教职工代表大会代表中推选人员，组成主席团主持会议。

主席团应当由学校各方面人员组成，其中包括学校、学校工会主要领导，教师代表应占多数。

第二十三条　教职工代表大会可根据实际情况和需要设立若干专门委员会（工作小组），完成教职工代表大会交办的有关任务。专门委员会（工作小组）对教职工代表大会负责。

第二十四条　教职工代表大会根据实际情况和需要，可以在教职工代表大会代表中选举产生执行委员会。执行委员会中，教师代表应占多数。

教职工代表大会闭会期间，遇有急需解决的重要问题，可由执行委员会联系有关专门委员会（工作小组）与学校有关机构协商处理。其结果向下一次教职工代表大会报告。

第五章　工作机构

第二十五条　学校工会为教职工代表大会的工作机构。

第二十六条 学校工会承担以下与教职工代表大会相关的工作职责：

（一）做好教职工代表大会的筹备工作和会务工作，组织选举教职工代表大会代表，征集和整理提案，提出会议议题、方案和主席团建议人选；

（二）教职工代表大会闭会期间，组织传达贯彻教职工代表大会精神，督促检查教职工代表大会决议的落实，组织各代表团（组）及专门委员会（工作小组）的活动，主持召开教职工代表团（组）长、专门委员会（工作小组）负责人联席会议；

（三）组织教职工代表大会代表的培训，接受和处理教职工代表大会代表的建议和申诉；

（四）就学校民主管理工作向学校党组织汇报，与学校沟通；

（五）完成教职工代表大会委托的其他任务。

选举产生执行委员会的学校，其执行委员会根据教职工代表大会的授权，可承担前款有关职责。

第二十七条 学校应当为学校工会承担教职工代表大会工作机构的职责提供必要的工作条件和经费保障。

第六章　附　则

第二十八条 学校可以在其下属单位建立教职工代表大会制度，在该单位范围内实行民主管理和监督。

第二十九条 省、自治区、直辖市人民政府教育行政部门，可以与本地区有关组织联合制定本行政区域内学校教职工代表大会的相关规定。

有关学校根据本规定和所在地区的相关规定，可以制定相应的教职工代表大会或者教职工大会的实施办法。

第三十条 本规定自2012年1月1日起施行。1985年1月28日教育部、原中国教育工会印发的《高等学校教职工代表大会暂行条例》同时废止。

中华全国总工会办公厅
关于规范召开企业职工代表大会的意见

总工办发〔2011〕53号

（2011年12月7日）

为规范召开企业职工代表大会（以下简称职代会），充分有效地发挥企业职代会作用，根据相关法律法规，结合企业职代会运行的实际情况，提出以下意见。

一、企业职代会每年至少召开一次。

二、企业职代会实行届满制，每三至五年为一届，到期应当及时换届。

三、企业工会是企业职代会的工作机构。未建工会的企业召开职代会，应当向上级工会组织报告，在其指导下开展相关工作。

四、企业首次召开职代会前应当成立筹备机构，由企业党组织、行政、工会等方面人员组成。筹备机构主要任务是：起草本单位职代会实施办法（细则）；组织选举职工代表；起草职代会筹备工作情况报告；研究确定本次职代会主要议题和议程；听取职工的意见和建议，等等。

五、企业应当根据法律法规的规定，结合实际，制定职代会实施办法（细则）。职代会实施办法（细则）应当提交职代会审议通过。

六、企业应当根据职工人数和生产（行政）单位设置状况确定职工代表总数、划分选区、分配名额，进行职工代表的选举。职工代表人数应当按照企业全体职工人数的一定比例确定，具体比例和人数应当按照本企业职代会实施办法（细则）确定，或由企业与工会协商确定，但最少不得低于三十人。企业职工人数在五十人以下的，应当召开职工大会。

七、职工代表中应当有工人、技术人员、管理人员、企业领导人员和其他方面的职工。其中企业领导人员一般不超过职工代表总数的五分之一。

八、各选区按照分配名额，由工会负责组织职工直接选举职工代表。

九、企业领导（高级管理）人员应当在相应的选区，参加职工代表的选举。

十、选举（撤换）职工代表，必须有选区全体职工三分之二以上参加，得到选区全体职工总数二分之一以上同意票者方可当选（撤换）。

管理层级较多的企业，参加上一级职代会的职工代表，可以在下一级职代会职工代表中选举产生，也可以由全体职工直接选举产生。

十一、职工代表人数较多的可以按选区组成代表团（组），推选团（组）长。

十二、职工代表实行常任制，任期与职代会届期相同，可以连选连任。

十三、职工代表在任期内因跨选区工作岗位变动或企业与其终止、解除劳动关系，其代表资格自行终止，缺额应当由原选举单位按照规定补选。

十四、职代会可以设列席代表和特邀代表；可以组织职工旁听。

十五、工会应当按照企业职代会实施办法（细则）制定职工代表选举方案；负责对职工代表条件、产生程序、人员构成比例等进行审核，并将职工代表名单进行公示，接受职工监督。

十六、确定召开职代会后，工会或职代会提案委员会应当通过职工代表向职工征集提案；经审查立案后提交职代会讨论。

十七、召开职代会前应当以书面形式，通知职工代表参加会议的时间、地点及主要内容。

十八、需要通过职代会讨论表决事项的相关材料，一般应当在会前不少于7个工作日，以书面形式送达职工代表，由职工代表团（组）长组织职工代表充分讨论和征求选区职工的意见。

十九、基层工会组织在召开职代会之前，应当向上一级工会报告会议筹备情况，上一级工会应当予以指导。

二十、正式召开职代会前可以召开预备会议。预备会议由本企业工会主持，全体职工代表参加。

二十一、职代会预备会议的主要程序是：

（一）选举大会主席团；

（二）听取关于本届（次）职代会筹备情况的报告；

（三）审议通过关于职工代表资格审查情况的报告；

（四）通过大会议程；

（五）决定大会其他有关事项。

二十二、召开职代会正式会议必须有全体职工代表的三分之二以上到会。

会议主持人必须向大会报告职工代表出席情况、职代会提案征集处理情况和上次职代会提案的落实情况。

二十三、职代会应当以职工代表团（组）为单位讨论相关事宜。

大会主席团成员分别参加本代表团（组）的讨论。

二十四、职代会选举及表决通过决议、重要事项，应当以无记名投票方式进行，得到全体职工代表二分之一以上同意票方为当选（有效）。

二十五、职代会主席团负责处理会议期间的相关事项。

二十六、职代会闭会期间遇有重大问题，可由企业行政、工会或三分之一以上的职工代表联名，提议召开职代会，并按照规范程序进行。

二十七、职代会通过的决议、重要事项和选举结果等应当形成书面文件并及时公示。

职代会应当建立专门档案。

二十八、事业单位、民办非企业单位等其他单位可参照本意见执行。

（此件发各省、自治区、直辖市总工会，各全国产业工会，中共中央直属机关工会联合会、中央国家机关工会联合会，全总各部门、各直属单位）

职工代表大会基本知识测试参考题及答案

一、填空题（共20题，每题1分，填错不得分）

1. 《中华人民共和国宪法》规定，国有企业依照法律规定，通过_____和其他形式，实行民主管理。

2. 《中华人民共和国公司法》规定，两个以上的国有企业或者两个以上的其他国有投资主体投资设立的有限责任公司，其董事会成员中_____有公司职工代表。

3. 职工代表实行_____，职工代表任期与职工代表大会届期一致，可以连选连任。

4. 《中华人民共和国企业国有资产法》规定，企业改制涉及重新安置企业职工的，还应当制定_____，并经职工代表大会或职工大会审议通过。

5. 职工代表大会每年对职工董事、职工监事履行职责情况进行_____。

6. 企业应当尊重和保障职工依法享有的知情权、参与权、表达权和_____等民主权利，支持职工参与企业管理活动。

7. 《学校教职工代表大会规定》中明确，教职工代表大会代表以教师为主体，教师代表不得低于代表总数的_____，并应当根据学校实际，保证一定比例的青年教师和女教师代表。

8. 《中华人民共和国劳动合同法》规定，县级以上人民政府劳动行政部门会同工会和企业方面代表，建立健全_____三方机制，共同研究解决有关劳动关系的重大问题。

9. 根据《企业民主管理规定》，职工代表大会的职权可概括为：知情权、建议权、_____、选举权和监督权。

10. _____是实行厂务公开的责任人。企业应当建立相应机构或者确定专人负责厂务公开工作。

11. 职工代表大会审议通过事项，应采取无记名投票方式，并须获得全体职工代表_____以上赞成票方可通过。

12. 职工代表大会因故需要提前或者延期换届的，应当由职工代表大会或者其_____决定。

13. 职工代表大会须有全体职工代表_____以上出席，方可召开。

14. 职工董事、职工监事由本公司职工代表大会以_____选举产生。职工董事、职工监事候选人必须获得全体会议代表过半数选票方可当选。

15. 职工董事、职工监事不履行职责或者有严重过错的，_____以上的职工代表联名提议，职工代表大会全体代表过半数通过可以罢免。

16. 职工代表大会的代表由工人、技术人员、管理人员、企业领导人员和其他方面的职工组成。其中，企业中层以上管理人员和领导人员一般不得超过职工代表总人数的_____。

17. 县级以下一定区域内或者性质相近的行业内若干尚不具备单独建立职工代表大会制度条件的中小企业，可以通过选举代表联合建立_____，开展企业民主管理活动。

18. 职工代表大会在其职权范围内依法审议通过的决议和事项具有约束力，非经职工代表大会同意不得_____。

19. 职工代表应当以班组、工段、车间、科室等为基本选举单位由职工_____产生。规模较大、管理层次较多的企业的职工代表，可以由下一级职工代表大会代表选举产生。

20. 企业应当建立和实行_____，通过职工代表大会和其他形式，将企业生产经营的重大事项、涉及职工切身利益的规章制度和经营管理人员廉洁从业相关情况，按照一定程序向职工公开，听取职工意见，接受职工监督。

二、单项选择题（共 10 题，每题 1 分。每题只有一个正确选项，选对得 1 分）

1. 《企业民主管理规定》是由_____制定的。

　　A. 全国人大常委会　　　　　　B. 国务院

　　C. 中央纪委、中央组织部、国务院国资委、监察部、全国总工会、全国工商联

　　D. 人力资源和社会保障部

2. 根据《企业民主管理规定》，职工代表大会的职工代表必须是_____。

　　A. 与企业存在劳动关系的职工　　B. 劳务派遣工

　　C. 一线职工　　　　　　　　　　D. 与企业签订劳动合同的职工

3. 中央纪委、中央组织部、国务院国资委、监察部、全国总工会、全国工商联《关于进一步做好职工代表大会民主评议国有企业领导人员工作的意见》中规定，职工代表大会民主评议的对象主要是_____。

　　A. 职工代表　　　　　　　　　　B. 企业中层干部

　　C. 企业党政领导干部

　　D. 国有独资企业、国有控股企业（含国有独资金融企业和国有控股金融企业）及其分支机构的领导班子及成员。

4. 企业职代会职工代表人数最少不得低于_____人。

   A. 10 B. 30
   C. 50 D. 100

5. 职工代表实行常任制,任期_____,可以连选连任。

   A. 由企业行政确定 B. 与职代会届期相同
   C. 由企业工会确定 D. 由企业和工会协商确定

6. 选举产生职工代表应当以_____划分基本选举单位。

   A. 工种、岗位、技能 B. 班组、工段、车间、科室
   C. 固定期、无固定期、完成一定工作任务为期限
   D. 党委、行政、工会

7. 全国总工会《关于深入推进非公有制企业民主管理工作的意见》要求,在经济开发区、工业园区、高新技术园区和乡镇（街道）等中小微企业集中的区域和产业集群,大力推行_____。

   A. 区域工会联合会 B. 行业工会联合会
   C. 基层联合工会 D. 区域（行业）职代会制度

8. 以下内容不属于职工董事职权的是_____。

   A. 参加董事会会议,行使发言权和表决权

   B. 反映职工合理要求,维护职工合法权益

   C. 向公司工会、上级工会或有关部门如实反映情况

   D. 列席监事会会议,提出意见建议

9. 以下内容属于职工监事职权的是_____。

   A. 向职代会报告工作 B. 参加教育培训
   C. 监督检查公司职工工资、劳动保护、社会保险、福利情况
   D. 执行职代会决议

10. 以下内容属于职工代表大会职权的是_____。

   A. 确定职工代表大会议题 B. 考核企业中层干部

C. 听取企业主要负责人关于企业年度生产经营管理情况的报告

D. 在职代会闭会期间对企业执行职代会决议情况进行监督检查

三、多项选择题（共10题，每题3分。每题有2个或2个以上正确选项，多选、少选、错选均不得分）

1. 企业实行厂务公开应当遵循_____和企业发展的原则。

   A. 全面   B. 及时

   C. 真实   D. 有利于职工权益维护

2. 十八届四中全会指出，完善和发展基层民主制度，依法推进基层民主和行业自律，实行_____。

   A. 自我管理   B. 自我服务

   C. 自我评价   D. 自我监督

3. 党的十九大指出，发展社会主义协商民主，_____，保证人民当家作主落实到国家政治生活和社会生活之中。

   A. 健全民主制度   B. 丰富民主形式

   C. 拓宽民主渠道   D. 夯实民主基础

4. 《中共中央 国务院关于构建和谐劳动关系的意见》要求，进一步提高厂务公开建制率，加强国有企业改制重组过程中的厂务公开，积极稳妥推进非公有制企业厂务公开制度建设。_____，探索和推行经理接待日、劳资恳谈会、总经理信箱等多种形式的公开。

   A. 完善公开程序   B. 充实公开内容

   C. 创新公开形式   D. 健全公开制度

5. 《中共中央办公厅 国务院办公厅关于实行厂务公开制度的通知》中要求，厂务公开组织领导体制和工作格局是_____。

   A. 党委统一领导   B. 党政共同负责

   C. 工会积极运作   D. 有关方面齐抓共管

6. 职工代表大会团（组）长和专门委员会（小组）负责人联席会议应参会人员包括：_____。

  A. 行政主要负责人   B. 有业务专长的外聘专家

  C. 职工代表团（组）长   D. 专门委员会（小组）负责人

7. 职工代表大会享有下列职权：_____。

  A. 审议通过涉及职工切身利益重大问题的方案

  B. 审议通过集体合同草案

  C. 选举或者罢免企业工会主席

  D. 审议和批准工会委员会的工作报告

8. 职工代表应当履行下列义务：_____。

  A. 遵守法律法规、企业规章制度，积极参与企业民主管理

  B. 听取涉及职工切身利益问题的意见和要求，并客观真实地向企业反映

  C. 保守企业的商业秘密和与知识产权相关的保密事项

  D. 参加工会活动，按月交纳会费

9. 企业应当向职工公开下列事项：_____。

  A. 企业与客户商品交易的秘密

  B. 企业集体合同文本和劳动规章制度的内容

  C. 企业发生劳动争议及处理结果情况

  D. 企业劳动安全卫生标准、安全事故发生情况及处理结果

10. 职工董事依法行使下列权利：_____。

  A. 行使董事的发言权和表决权

  B. 与其他董事拿同样的年薪

  C. 列席与其职责相关的公司行政办公会议和有关生产经营工作的重要会议

  D. 要求公司工会、公司有关部门和机构通报有关情况并提供相关资料

四、案例分析题（任意选择题，每小题 2 分，共 15 个小题，每题至少有 1 个正确选项，多选、少选、错选均不得分）

案例一：

中元科技有限公司是一家民营企业（简称中元公司），现有员工 76 人。2015 年成立工会，由人事专员李辉兼任工会主席。2017 年 2 月，公司总经理刘中元决定开展司务公开工作，成立了由公司副总经理任组长，总经理办公室、人力资源部、财务部、工会等部门负责人共同组成的司务公开小组，由李辉主持起草了《中元公司司务公开实施办法》。同时，公布了总经理邮箱和工会邮箱，还在公司前台一侧设置了"意见箱"，征集公司员工的意见建议。

员工陈远航因连续旷工 5 天，违反了公司的规章制度。2017 年 5 月 10 日，总经理办公会讨论决定，对陈远航罚款 2000 元，并与其解除劳动合同。会后，人力资源部将会议决定告知工会主席，工会没有提出异议。5 月 13 日陈远航正式办理离职手续。6 月 20 日，公司通过 OA 系统向全体员工通报了关于解除陈远航劳动合同的情况。

2017 年 6 月 24 日，公司工会组织开展第二季度优秀员工的评选工作。6 月 27 日，评选结果通过 OA 系统向全体员工公开。员工李莉、王聪、刘小琪找到李辉，反映他们所在的客服部的优秀员工名额比第一季度少，要求工会说明评选名额分配的依据。李辉说，这次评选名额是由总经理和人力资源部决定的，工会只负责组织评选。

2017 年 11 月 4 日，总经理刘中元主持召开办公会议，与各部门经理一起总结梳理了 2017 年公司经营管理情况，并研究制定了 2018 年公司经营计划。11 月 9 日，公司集体合同到期需要续签，当天，公司行政方代表和工会方代表共同签订了新的集体合同。

2017 年 12 月 20 日，公司召开职代会。会上，刘中元向职工代表报告了 2017 年度公司经营管理情况和 2018 年度经营计划，财务部经理在会上公布了 2017 年度公司缴纳社会保险的情况和年终奖发放情况。

根据上述情况，请分别回答以下问题：

1. 如果请你起草《中元公司司务公开实施办法》，你认为以下哪些内容可以作为公开的事项？（　　）

　　A. 中元公司规章制度　　　　　　B. 中元公司集体合同文本

　　C. 中元公司员工工资奖金分配办法　D. 中元公司年度员工培训计划

2. 如果你是这家企业的员工，你会选择哪种方式向公司提出意见建议？（　　）

　　A. 给总经理发邮件　　　　　　　B. 给工会主席发邮件

　　C. 把书面意见投入"意见箱"　　　D. 向部门经理当面反映问题

3. 你觉得解除陈远航劳动合同这一事件，什么时间公开最为适当？（　　）

　　A. 5 月 10 日　　　　　　　　　B. 5 月 13 日

　　C. 6 月 1 日　　　　　　　　　　D. 6 月 20 日

4. 如果你是工会主席，在评选优秀员工时，应做好以下哪些工作？（　　）

　　A. 与企业行政部门共同研究制定《中元公司优秀员工评选及奖励规则》，并征求公司员工意见

　　B. 于 6 月 24 日前向全体员工公布第二季度评选方案，明确评选的时间和程序

　　C. 6 月 27 日向全体员工通报评选结果

　　D. 与人力资源部经理沟通，向员工李莉、王聪、刘小琪解释评选名额减少的原因

5. 中元公司职代会应包括以下哪些内容？（　　）

　　A. 听取 2017 年度公司经营管理情况和 2018 年度经营计划

B. 听取2017年度公司缴纳社会保险的情况和年终奖发放情况

C. 审议通过新的集体合同草案

D. 听取工会主席关于司务公开实行情况的报告

案例二：

中通机械加工有限公司是一家国有企业，下属5个分公司、1个质量检测中心，在职职工3512人，离退休人员821人。2017年11月8日，公司董事长、党委书记刘玉成召集会议，研究部署召开新一届职工代表大会的有关问题。刘书记说，职工代表大会很重要，是公司的重要权利机构，当前公司经营压力很大，为了公司转型升级，要分流安置部分职工，新一届职工代表大会的主要议题是，围绕公司的转型发展讨论部分职工分流安置问题，新一届职工代表大会要围绕这一议题，动员职工支持改革，新一届职工代表大会也要进一步改进工作，提高工作质量和效率。

会议主要讨论了以下问题：第一，适当压缩职工代表人数，原来150名，可以考虑压缩到80名、90名、105名或110名。第二，改进代表名额分配，应离退休人员呼声，为保持稳定，拿出10个代表名额，由离退休人员来选举；再拿出10个名额，给公司领导层，由公司总部机关干部职工进行选举，其余的按6个二级单位的职工人数进行分配。第三，简化会议程序，2018年度的集体合同草案由工会与人力资源部负责起草，部分职工分流安置方案由公司办公室负责起草，会上征求一下代表意见，会后履行签字手续。第四，减少会议议程，不再开预备会，正式会议的议程设四项：大会开幕式、由总经理做公司年度工作报告、副总经理做部分职工分流安置方案说明、党委书记致闭幕词。大会由工会主席主持。

根据会议的决定，职工代表大会由党委办公室负责牵头筹备并起草刘书记闭幕词，公司办公室负责起草总经理工作报告和部分职工分流安置方案，人力资源部负责职工代表的选举，工会负责起草集体合同草案会商人力资源部，并负责会务工作。

2017年12月25日，职工代表全部选出，总经理仔细看了代表名单，建议取消4人的代表资格，理由分别是：一分公司副经理王天涛总爱提反对意见，缺乏大局观念；二分公司的技术员孙雨欣因工作失误，前年给过一次警告处分；四分公司的高级技工张海军骄傲自满，上次参加市总工会举办的技术比赛只得了第十名，给公司丢脸；质量检测中心的侯梦莎因工作严重失误，给公司造成了几百万元的经济损失，公司正研究怎么处理。人力资源部根据总经理的意见，让一分公司、二分公司、四分公司、质量检测中心分别补选代表。

2018年1月10日，中通机械加工有限公司召开新一届职工代表大会第一次会议。大会发放了两份征求意见稿：《中通机械加工有限公司2018年度集体合同（草案）》《中通机械加工有限公司部分职工分流安置方案（草案）》，让每位代表直接修改，会后收回。公司工会主席主持大会，总经理作了年度工作报告、副总经理作了部分职工分流安置方案（草案）的情况说明、刘书记致闭幕词。

会后，职工代表议论纷纷，提出许多不同意见。公司工会经收集整理，主要集中在十个方面。根据以上案情，请分别回答以下问题：

1. 职工代表大会是一个什么样的机构？（　　）

A. 企业权利机构　　　　　　　B. 企业开展民主管理的机构

C. 职工行使民主权力的机构　　D. 职工民主议事机构

2. 职工代表人数压缩方案哪一些可以选择？（　　）

A. 80名　　　　　　　　　　　B. 90名

C. 105名　　　　　　　　　　 D. 110名

3. 离退休人员能当选职工代表吗？（   ）

　　A. 能当选　　　　　　　　　　B. 不能当选

　　C. 由企业行政决定　　　　　　D. 是会员的可以当选

4. 公司管理层的职工代表应怎样选举？（   ）

　　A. 由公司管理层研究决定　　　B. 由公司全体职工选举

　　C. 由公司总部机关干部职工选举

　　D. 应参加到各选区，由选区全体职工选举

5. 如果进行代表资格审查，你认为以下4人谁能够当选职工代表？（   ）

　　A. 王天涛　　　　　　　　　　B. 孙雨欣

　　C. 张海军　　　　　　　　　　D. 侯梦莎

6. 就本案而言，你认为职工代表大会的预备会可以取消吗？（   ）

　　A. 可以　　　　　　　　　　　B. 不可以

　　C. 根据实际灵活决定　　　　　D. 没必要召开预备会

7. 谁应负责职工代表大会的筹备工作？（   ）

　　A. 党委办公室　　　　　　　　B. 公司工会

　　C. 行政办公室　　　　　　　　D. 职工代表大会筹备机构

8. 谁不应负责职工代表的选举工作？（   ）

　　A. 公司工会　　　　　　　　　B. 公司党委

　　C. 公司行政　　　　　　　　　D. 公司人力资源部

9. 关于2018年度公司集体合同（草案）的办理，下列哪些意见是正确的？（   ）

　　A. 征求代表意见，会后由行政和工会领导签字

　　B. 应充分讨论，吸收代表意见，进行修改完善

　　C. 集体合同草案应经大会表决通过

　　D. 经大会表决通过后的集体合同草案，由行政和工会方面的代表签字

10. 关于部分职工分流安置方案（草案），下列哪些意见是不正确的？（   ）

A. 属于企业经营自主权，征求一下意见就可以了

B. 代表的意见仅供参考，对不同的意见要多做思想工作

C. 由行政和工会方面协商确定即可

D. 分流安置方案应报经政府主管部门批准

参考答案

一、填空题

1. 职工代表大会　　2. 应当　　　3. 常任制　　　4. 职工安置方案

5. 民主评议　　　　6. 监督权　　7. 60%　　　　8. 协调劳动关系

9. 通过权　　　　 10. 企业主要负责人　　　　 11. 半数

12. 授权的机构　　13. 三分之二　　14. 无记名投票方式

15. 三分之一　　　16. 百分之二十

17. 区域（行业）职工代表大会制度　　18. 变更或撤销

19. 直接选举　　　20. 厂务公开制度

二、单项选择题

1.（C）　　2.（A）　　3.（D）　　4.（B）　　5.（B）

6.（B）　　7.（D）　　8.（D）　　9.（C）　　10.（C）

三、多项选择题

1.（BCD）　2.（ABD）　3.（ABC）　4.（ABC）　5.（ABD）

6.（CD） 7.（AB） 8.（ABC） 9.（BCD） 10.（ACD）

四、案例分析题

案例一：

1.（ABCD） 2.（ABD） 3.（B） 4.（ABCD） 5.（ABCD）

案例二：

1.（BC） 2.（CD） 3.（B） 4.（D） 5.（ABC）
6.（B） 7.（B） 8.（BCD） 9.（BCD） 10.（ABC）